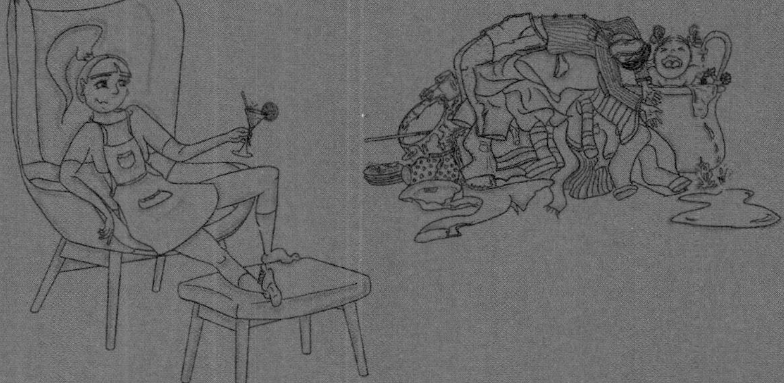

Caroline Athanasiadis

Michaela Riedl-Schlosser

Heute hab ich nichts zu tun, außer …

Caroline Athanasiadis

und

Michaela Riedl-Schlosser

Heute hab ich nichts zu tun, außer …

Illustriert von Soledad Goscinski

Danke, dass Sie sich für unser Buch entschieden haben.

Wir freuen uns, wenn wir Sie auch weiterhin über unsere

Neuerscheinungen informieren dürfen, und laden Sie ein,

unseren Newsletter unter www.ueberreuter.at

zu abonnieren.

MIX
Aus verantwortungsvollen Quellen
FSC® C014138

Product footprint
CO_2 Neutral
PBN-CFMCP-015258

1. Auflage 2023

ISBN 978-3-8000-7813-4

Coverfoto & Portraitfotos: © Felicitas Matern
Cover, Satz, Illustrationen: Soledad Goscinski, www.dieideenproduzentin.at
Druck und Bindung: Finidr Ltd., Český Těšín

www.ueberreuter.at

Inhaltsverzeichnis

… ein Buch zu schreiben.

Warum dieses Buch?

Ja, das ist wirklich eine berechtigte Frage… die auch ich mir gestellt habe. Braucht man noch so ein Buch, neben all den tausend anderen Ratgebern? Braucht man noch so ein Buch, das sich auf all den ungelesenen Romanen im Regal türmt? Nein! In Wahrheit nicht. Aber was braucht man schon im Leben? Essen, trinken, schlafen. Das reicht. Alles andere ist Luxus. Es gibt da dieses Sprichwort, welches besagt, ein Mann müsse drei Dinge im Leben tun: ein Haus bauen, ein Kind zeugen und einen Baum pflanzen. Und eine Frau? Was muss eine Frau? Das Haus putzen, die Kinder kriegen und den Baum gießen?

Weltweit schuften Mädchen und Frauen Tag für Tag über zwölf Milliarden Stunden unentgeltlich und leisten Haus-, Pflege- und Fürsorgearbeit. Meist ohne ein Bitte und Danke, meist ohne Wertschätzung und meist unter den schlimmsten Bedingungen. Würde man den Mindestlohn dafür auszahlen, wäre das umgerechnet ein Verdienst von elf Billionen Dollar*. Auch wenn ein leichter Umkehrtrend in manchen Regionen der Welt zu erkennen ist, bedarf es noch viel an Aufklärung, Bewusstseinsschaffung und Überredungskunst, um Gleichberechtigung nicht nur zu predigen, sondern auch ganz selbstverständlich zu leben.
In Österreich wachsen Mädchen in einer Gesellschaft auf, in der es üblich ist, dem weiblichen Geschlecht für dieselbe Leistung weniger zu bezahlen. Die Gehaltsschere klafft immer weiter auseinander, und obwohl Frauen im Alltag oft Doppel- und Dreifachbelastungen ausgesetzt sind, sind sie europaweit

nirgendwo so von Altersarmut bedroht wie hierzulande. Traurig, aber wahr.
Ich bin eine Frau. Ich habe Arbeit. Und ich liebe meinen Job. Ich bin aber auch Mutter. Und ich liebe es ebenso, eine zu sein. Ich habe meine Träume verwirklicht, mein Hobby zum Beruf gemacht und mir meinen Kinderwunsch erfüllt. Was will man mehr? Schlaf! Schlaf wäre schön. Oder in Ruhe essen … das sind die Träume von heute!

Jede Mutter kennt wohl dieses Gefühl: so viel zu tun und keine Zeit. Ein Tag müsste mindestens 48 Stunden haben, damit sich fünf Stunden Schlaf, eine halbe Stunde Nahrungsaufnahme und fünf Minuten nur vor sich hin starren ausgehen. Selbst dann wäre die Zeit zu knapp, um alles zu schaffen, was man sich vorgenommen hat. Der Berg an unerledigten Aufgaben steigt exponentiell zur verfügbaren Zeit. (Allein, dass ich das Wort exponentiell benutze, sollte eigentlich implizieren, dass ich mich meinen Kindern widme, denn zugegeben ist meine Schulzeit schon ein, zwei Jahre her.) Jedenfalls fragt man sich ständig: Ist man zu unfähig? Zu faul? Zu inkonsequent? Zu unorganisiert? Oder einfach zu anspruchsvoll? Letztendlich stellte ich mir immer wieder dieselbe Frage:

Bin ich allein?

Geht es tatsächlich nur mir so? Bin ich die Einzige, die täglich ins Straucheln kommt? Frage nur ich mich, ob ich eine gute Mutter bin, nur weil ich nicht den super gesunden Low-Carb-Power-Snack in die Schultasche gepackt habe, sondern ein Extrawurstbrot? Bin ich eine Rabenmutter, weil ich abends arbeite und mein Mann die Kinder ins Bett bringen muss? Bin ich eine Egoistin, weil auch ich hin und wieder mit Freunden ausgehe und Spaß habe?

NEIN!

NEIN, NEIN und nochmals: NEIN!

Wir wissen es doch eigentlich besser. So viele wunderbare Frauen da draußen und jede kämpft immer noch alleine vor sich hin und ringt nach Anerkennung. Eine davon ist Michaela Riedl-Schlosser. Aus der schönen Steiermark hat es sie nach Wien verschlagen, wo sie nach einem erfolgreichen Schauspielstudium beschloss, freischaffende Autorin zu werden. Sie unterstützt mich seit Jahren nicht nur beruflich, sondern ist immer für mich da, wenn ich sie brauche, aber auch darüber hinaus. Sie schreibt nicht nur alle Programme für meine Musikkabarett-Formation „Kernölamazonen", sie ist auch maßgeblich dafür verantwortlich, dass ich mittlerweile auch als Solokünstlerin auf der Bühne stehe.

Sie schreibt für mich, bringt meine Gedanken zu Papier und ist die kritische Stimme in meinem Ohr. Michi ist mein Gewissen und meine Motivatorin, aber selbst wenn sie all das nicht wäre, ist sie vor allem eines: meine beste Freundin.

Als Mutter – einer übrigens hinreißenden Tochter – und als selbstständige Autorin war auch sie immer wieder starker Kritik ausgesetzt.

„Du schreibst? Kann man davon leben?", „Ist das, was du tust, überhaupt Arbeit?", „Du bist doch eh immer nur zu Hause und sitzt herum, das ist doch nicht anstrengend."

Aber was entgegnet man solchen abfälligen Kommentaren, ohne selbst ausfällig zu werden? Michaela und ich haben ein gemeinsames Ventil gefunden: die Satire und das Kabarett. Deshalb war es auch naheliegend, sie für dieses Buch mit ins Boot zu holen.

Und wenn wir schon dabei sind, ein Loblied auf die Frauen zu singen, dann hebe ich auch gleich meine Illustratorin hervor. Soledad Goscinski, ein Phänomen für sich. Seit Jahren tingelt sie an meiner Seite als Tourmanagerin durch die Lande. Es gibt eigentlich nichts, was sie nicht kann. Während der Pandemie war sie diejenige, die all meine Projekte mit Begeisterung unterstützt und realisiert hat. Ob „Cook – Caro kocht" oder „Caro's Senf der Woche" – sobald eine Idee geboren war, kam sie schon mit der Umsetzung um die Ecke.

Mit ihrer Mitwirkung an diesem Buch wusste ich, dass wir dieses liebevolle Projekt auch optisch gut präsentieren würden, denn nichts entgeht ihrem perfektionistischen Auge.

Auf der anderen Seite ist es in Ordnung, nicht perfekt zu sein. Wir Frauen dürfen dazwischen auch einmal durchdrehen und nicht mehr weiterwissen. Es ist wichtig, manchmal den Kopf freizubekommen und sich selbst etwas Gutes zu tun. Immer nur zu arbeiten und sich um Kind und Kegel zu kümmern, macht auf Dauer krank! Was aber noch kranker macht, sind die dummen Fragen und

Kommentare, denen wir arbeitenden Frauen und Mütter oft ausgesetzt sind. Entweder man hat Kinder, dann sollte man doch gefälligst zu Hause bleiben und sich um diese kümmern, oder man hat keine, dann sollte man schleunigst welche bekommen, sonst ist man als karrieregeile Schlampe abgestempelt. Jetzt werden manche sagen: „Na geh, das sind aber harte Worte…" Ja, mag sein, aber sie sind die Realität.
Dazu eine kleine Anekdote aus meinem alltäglichen Tourneeleben: Ich wurde einmal von einem Veranstalter nach einer Vorstellung gefragt, ob ich Kinder hätte. Ich bejahte und erzählte ihm, dass mein kleiner Sohn drei Jahre alt sei. Worauf der Veranstalter ganz entsetzt reagierte und mich vorwurfsvoll fragte, wo denn mein Sohn jetzt sei und wer aufpassen würde, wenn ich so viel arbeite?
Meine Antwort: „Das Kind hat einen Vater."
Allein damit wäre die Geschichte schon seltsam genug für mich gewesen, aber sie ging noch weiter. Neben mir saß unser damaliger Pianist und auch er wurde gefragt, ob er Kinder hätte. Er antwortete mit: „Ja, zwei." Die Reaktion des Veranstalters: „Sehr schön." Danach wollte er wissen, wie uns das Essen schmeckt. Wie bitte? Das war's? „Sehr schön"??? Das ist alles? In der Sekunde entgegnete ich ihm: „Warum fragen Sie mich, wo mein Kind ist, und bei meinem männlichen Kollegen kommen Sie nicht mal auf die Idee zu fragen, wer die Aufsicht übernimmt, wenn er arbeiten geht?"
Zugegeben, das hat mich nachhaltig getroffen, Diese Ungerechtigkeit uns arbeitenden Müttern gegenüber.
„Lächle, du kannst sie nicht alle töten!" Dieser Spruch hat mir zu diesem Zeitpunkt und darüber hinaus geholfen, nicht straffällig zu werden.
Apropos, um noch einmal auf das Sprichwort vom Beginn zurückzukommen: Ich bin in der privilegierten Lage sagen zu können, das mit den Kindern und dem Baum schon erledigt zu haben, und da ich liebenswürdigerweise ins Haus meines Mannes ziehen durfte, hätte ich quasi mit meiner To-do-Liste fürs Leben abgeschlossen. Zu früh, meiner Meinung nach. Deshalb … ein Buch!
Ich will, dass arbeitende Mütter da draußen wissen: Wir sind viele! Ich will, dass alle wissen, Im-perfekt ist nicht nur eine Vergangenheitsform, sondern

eine durchaus legitime Lebenseinstellung für den Alltag. Ich will, dass das schlechte Gewissen, das uns über Generationen eingetrichtert wurde, guten Gewissens abgelegt werden kann.
In diesem Sinne wünsche ich allen einen erfüllten und glücklichen Alltag in einem hoffentlich erfüllten und glücklichen Leben! Und dazwischen soll dieses Buch ein Lächeln auf die Lippen zaubern oder einfach nur für kurze Zeit für Ablenkung sorgen.

Viel Spaß!
Eure Caro

*Oxfam Studie 2020

… uns vorzustellen.

Ich bin Caro. Caroline Athanasiadis, um genau zu sein. Aber es genügt auch, wenn Sie sich „Caro" merken, denn meinen Nachnamen können nur die wenigsten richtig aussprechen.
Was ich schon alles an Wortschöpfungen genießen durfte, würde den Rahmen sprengen, aber mittlerweile höre ich auch auf: Cora, Corinna, Anastasia, Nasi, Atha, Anastasididis oder ganz einfach Papadopoulous.
Ich wäre aber nicht Caro, ohne die vielen Menschen, die hinter und neben mir stehen. In diesem speziellen Fall sind das Michi und Sole. Aber auch meine Familie und deren Familien und überhaupt.
Damit Sie sich voll und ganz auskennen und sich einen kleinen Überblick verschaffen können, lege ich Ihnen den folgenden Stammbaum ans Herz. Wenn Sie am Ende des Buches oder gar mittendrin nicht mehr wissen, wer wer ist oder wer von wem oder wie wer zu wem steht – dann ist dieses Kapitel Ihr persönliches Wikipedia.

Georg alias Getsch
Caro
Lukas
Caros Mann
Oskar
Oskars Papa
Caros Söhne
Stefan
Robert
Trude
Paul alias Papou
Eva
Georgs Eltern
Caros Eltern
Lukas' Papa
Matthias
Sole
Caro & Gudrun
Pianist
Kernölamazonen-Team
Kernölamazonen

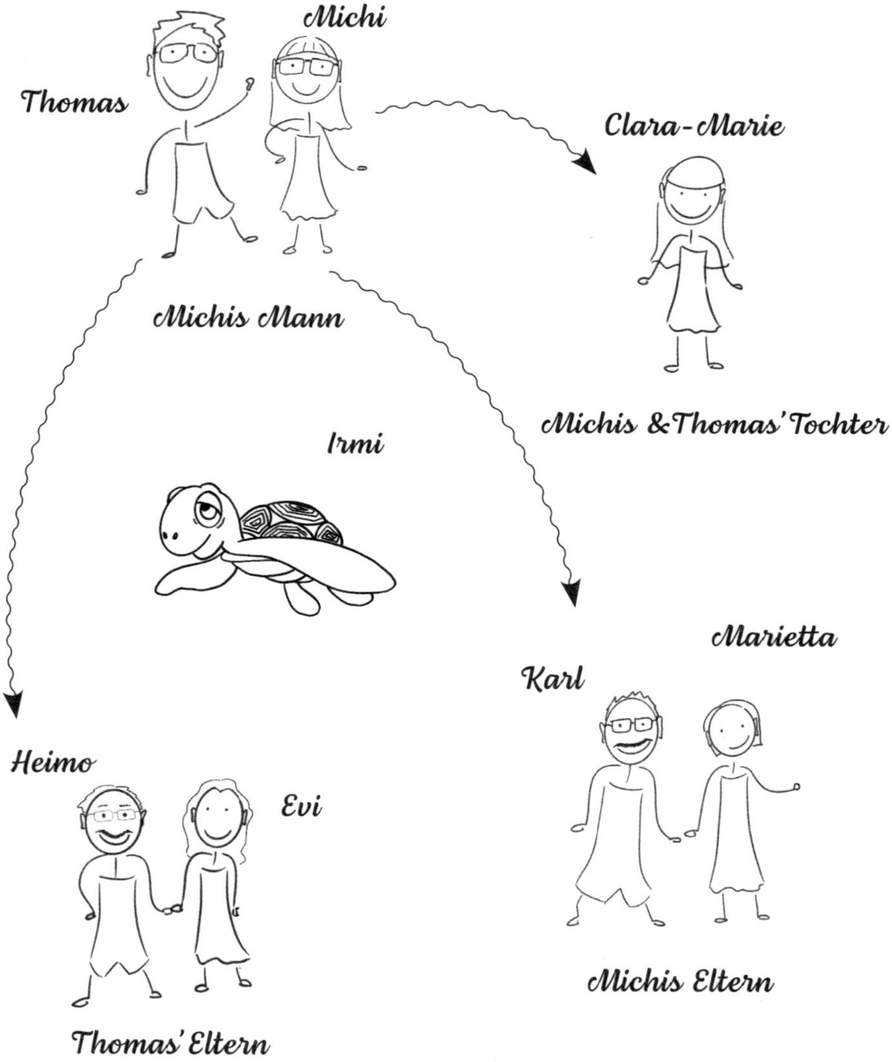
Michi
Thomas
Clara-Marie
Michis Mann
Michis &Thomas' Tochter
Irmi
Marietta
Karl
Heimo
Evi
Michis Eltern
Thomas' Eltern

… Beziehungsgespräche zu führen.

Der nun folgende Dialog zwischen zukünftigen Eltern kann, muss aber nicht, nachgespielt werden. Alle Texte, die kursiv geschrieben sind, werden nicht gesprochen, sondern gespielt. Das Wort „Befruchtungssex“ kann beliebig, je nach sexueller Fantasie, ausgelebt werden. Da diese jedoch keine Grenzen besitzt, wird von konkreten Regieanweisungen abgesehen. Sollten nichtsdestotrotz welche vorhanden sein, handelt es sich höchstens um Vorschläge. Die Vorgabe, ein Hotelzimmer für eine Stunde zu mieten, dient ebenfalls nur als Anregung, muss aber zum Nachspielen der Szene nicht durchgeführt werden. Zur allgemeinen Absicherung wollen wir Sie noch auf Folgendes hinweisen: Zu Risiken und Nebenwirkungen fragen Sie Ihren Arzt oder Apotheker. Und wenn diese nicht erreichbar sind … Dr. Google ist immer für Sie da. Wir wünschen Ihnen viel Spaß!
Und denken Sie immer daran: Sie sind nicht allein!

Kapitel 1
Befruchtungs SEX

Frau und Mann haben ein Date. Ein Date während der Mittagspause, in einem Hotelzimmer, um endlich schwanger zu werden. Der Mann ist bereits im Zimmer, die Frau kommt dazu. Beide sind unter Zeitdruck und sehr gestresst.

Frau: ***gehetzt*** Da bin ich! Wartest du schon lange?

Mann: ***gehetzt*** Bin gerade bei der Türe herein.

Frau: Entschuldige, aber heute geht es in der Arbeit wieder drunter und drüber.

Mann: Wem sagst du das! Ich dachte schon, ich schaffe es nicht.

Frau: Und ob wir es schaffen! Wir haben 35 Minuten, dann muss ich wieder in der Arbeit sein!

Mann: Na dann!

Beginnen sich auszuziehen.

Mann: Wo willst du? Im Bett oder am Sofa?

Frau: Bett.

Die Frau blickt um sich.

Frau: Schönes Zimmer.

Mann: Für 35 Minuten.

Frau: Wie sollen wir?

Mann: Wie du magst. Mir ist es egal.

Frau: Mir auch.

Mann: Okay, dann …

Frau: Magst du lieber oben oder soll ich?

Mann: Ich oben. Du unten. Geht schneller!

Frau: Prima.

Mann: Geht sich zeitlich Seelenverschmelzungssex aus?

Frau: Sex plus Seele? Hm?

Die Frau blickt auf die Uhr.

Frau: Nein. In der Mittagspause nicht.

Mann: Alles klar.

Frau: Du, ich kann mein Handy aber nicht ausschalten.

Mann: Ich auch nicht. Ich vertrete den Chef.

Beide legen sich auf das Bett. Der Befruchtungssex beginnt.

Mann: Hündchenstellung!

Frau: Passt.

Beide gehen in Position.

Mann: Wo ist Norden?

Frau: Norden wie Süden – oder …?

Mann: Ja.

Frau: Äh? Keine Ahnung. Ich habe gerade keinen Kompass bei mir.

Mann: Wenn wir es tun, müssen wir nach Norden schauen. Dann wird es ein Mädchen.

Frau: ***kurz irritiert*** Echt jetzt?

Mann: Hab ich gelesen.

Frau: Du willst ein Mädchen?

Mann: Du nicht?

Frau: Ich weiß nicht. Ich weiß nur, wir brauchen ein anderes Auto.

Mann: Mhm.

Frau: Eine Familienkutsche, wo alles Platz hat, was eine Familie so braucht.

Mann: Mhm.

Frau: Deshalb verkaufen wir auch dein Cabrio.

Mann: Mhm. empört Was???

Der Befruchtungssex wird unterbrochen.

Mann: Ich soll …? Nein! Mein Cabrio gebe ich nicht her!

Frau: Wo soll denn unser Kind sitzen bei einem Zweisitzer? Im Kofferraum?

Mann: Mein Cabrio und ich wir sind eins, wir können uns nicht trennen.

Frau: Es ist doch nur ein Auto!

Mann: *fassungslos* Nur ein Auto?!? Stoß' mir doch gleich einen Dolch in die Brust! Ich verkaufe mein Auto nicht! Außerdem bist du ja noch nicht einmal schwanger.

Frau: Stimmt! Weiter geht's!

Der Befruchtungssex geht weiter.

Mann: Wenn du es nicht schaffst, schwanger zu werden, schenkt meine Mutter dir einen Fruchtbarkeits-Kristall.

Der Befruchtungssex wird unterbrochen.

Frau: Was???

Mann: Den legen wir unters Bett, dann wirst du leichter schwanger.

Frau: Sicher nicht! Ich will keinen Fruchtbarkeits-Kristall von deiner Mutter, den sie in irgendeinem Eso-Laden um 9,99€ gekauft hat!

Mann: 5,99€! Warum muss immer etwas erst teuer sein, damit es was wert ist? Und weshalb sollen wir es auf diesem Weg nicht probieren? Ich darf ja auch keine engen Hosen mehr tragen und keine Sitzheizung im Auto einschalten. Aus Plastikbechern lässt du mich auch nicht trinken, wegen den Weichmachern und …

Frau: Bist du deswegen gestresst?

Mann: Nein. Vögeln auf Eisprung finde ich total easy und entspannend. Immer, wenn du ein Ei legst, fällst du über mich her.

Frau: So wie du redest, könnte man fast glauben, ich sei eine Legehenne.

Mann: Sobald der Ovulationstest sagt: „Achtung, fruchtbar!", muss ich ran an die Wäsche.

Frau: Achtung fruchtbar!

Mann: Ich komm ja schon.

Frau: Noch nicht! Erst wenn du drin bist!

Der Befruchtungssex geht weiter.

Mann: Egal, ob ich müde bin oder erschöpft, in Stimmung oder nicht, gerade in einer wichtigen Besprechung sitze oder ich einfach mal schlafen möchte … Sogar, wenn ich krank bin … ich muss immer. Und vor drei

Wochen musste ich sogar auf einer öffentlichen Toilette! Und Toiletten sind die größten Bakterienüberträger! Die kommen gleich nach Kindern und Tauben.

Der Befruchtungssex wird unterbrochen.

Frau: Was hast du nur mit diesen Vögeln?

Mann: Wieso? Ich dachte du magst vögeln?

Frau: Vögeln schon, aber ich hasse Vögel.

Mann: Jetzt steh ich …

Frau: … das sehe ich …

Mann: … auf der Leitung, meine ich.

Frau: „Vögeln" als Tunwort mag ich, „Vögeln" als Namenwort nicht. Ich hasse Tauben und Hühner.

Mann: Du sagst doch immer, das Brathendl meiner Mama sei das Beste an ihr.

Frau: Ja, und dass sie dich aus ihrem Ei gelegt hat, kommt gleich danach.

Frau: Weißt du was uns helfen wird?

Mann: Sag's mir!

Frau: Ein Befruchtungstanz.

Mann: Wir sollen tanzen? Jetzt?? Hier???

Frau: Warum nicht? Wir haben für das Hotelzimmer bezahlt!

Mann: Ich habe bezahlt.

Frau: Was ist dein Problem?

Mann: Welches Problem? Ich habe kein Problem! Und meine Spermien sind nicht müde!

Frau: ***irritiert*** Was ist mit deinen Spermien?

Mann: Sie sind stramme Burschen, die nur ein Ziel kennen: Geboren, um Leben zu schenken!

Frau: Na dann: Hopp hopp! Eisprung-Alarm!

Der Befruchtungssex geht weiter.

Frau: Duuu!

Du musst mir versprechen, wir suchen uns keine Freunde mit Gartenzwergen.

Mann: Schatz, das Wort „Zwerg“ in unserer jetzigen Situation ...

Frau: All unsere Freunde sind kinderlos. Wir brauchen neue Freunde, Freunde mit Kindern!

Mann: Ich mag meine Freunde. Ich will sie nicht hergeben!

Frau: Du brauchst deine Freunde nicht herzugeben. Nur dein Cabrio.

Der Befruchtungssex wird unterbrochen.

Mann: Das Cabrio ist erst der Anfang.

Frau: Natürlich. Wir müssen auch umziehen.

Mann: Wohin?

Frau: In einen Vorort.

Mann: Haus mit Garten?

Frau: Und Terrasse.

Mann: Und was kommt dann?

Frau: Ein Pool?

Mann: Was?

Frau: Irgendwann.

Mann: Wann ist irgendwann?

Frau: Entspanne dich! Atme mal tief ein und aus! Wir müssen weitermachen!

Der Befruchtungssex geht weiter.

Mann: Tu mich nicht drängeln! Du weißt, dann kann ich nicht.

Frau: Die Uhr tickt!

Mann: Du setzt mich unter Druck! Mir reicht schon das eine Mal heute vor dem Frühstück, dann das eine Mal nach dem Frühstück und dann die beiden Male im Auto!

Frau: Zweimal im Auto war gestern, heute hatten wir erst einmal Befruchtungssex im Auto.

Mann: Kannst du das Wort Befruchtungssex bitte nicht sagen!

Frau: Okay. – Wann kann dein Zauberstab meine Blüte zum Leuchten bringen?

Mann: Bald.

Frau: Bald klingt gut. Wann ist bald? Ist bald bald oder bald demnächst oder bald jetzt dann sofort … ?

Mann: Bald ist bald.

Der Handywecker klingelt.

Mann: 10 Minuten werden wir auch brauchen – denn bald ist jetzt nicht mehr bald!

Der Befruchtungssex wird unterbrochen.

Mann: Vielleicht sollten wir jetzt doch nicht.

Frau: Ist es wegen dem Cabrio?

Mann: Nein. Wegen der Fußball-WM.

Frau: Das verstehe ich nicht.

Mann: Wenn du jetzt schwanger werden solltest, bekommst du das Kind genau zur Fußball-WM. Das wäre echt blöd.

Frau: Du bist doch kein Fußball-Fan.

Mann: Stimmt. – Lass es uns tun! Jetzt!

Frau: Ja!

Voller Tatendrang versuchen sie den Befruchtungssex zu Ende zu bringen. Plötzlich schreit der Mann laut auf.

Mann: Ahhhh!!!!

Frau: Ja!!!!!

Mann: ***schreit hoch*** Aua!

Frau: Jaaaa!!!!

Mann: Nix jaaaa – aua!

Frau: Wie aua?

Mann: Mein Rücken!

Frau: Dein Rücken?

Mann: Verrissen.

Frau: Aber wir sind noch nicht fertig! Kann dein Rücken nicht später …???

Mann: Nein, kann er nicht!

FRAU: Und was jetzt???

Sie blicken einander an …

Nun haben Sie die Wahl!

A	B	C
Ein verletzter Rücken ist für Sie ein Grund, aber kein Hindernis! Sie haben noch 8 Minuten Zeit, die genützt werden wollen!	Sie massieren den Rücken Ihres Partners und schauen, was noch geschieht.	Sie beenden den „Befruchtungssex" für heute und kehren an Ihren Arbeitsplatz zurück! In Gedanken planen Sie ein romantisches Wochenende zu zweit.

Je nach Wahl, sind Sie folgender Typ:

Typ A

Sie sind der „Augen-zu-und-durch"-Typ.

Sie wissen, was Sie wollen und wie Sie Ihr Ziel erreichen. Aber denken Sie auch an Ihren Partner, denn schließlich sind Sie beide ein Team und so soll es auch bleiben!

Typ B

Sie sind der „Gemeinsam-schaffen-wir-es"-Typ.

Bei Ihnen bleibt der Partner nicht auf der Strecke, denn Sie wissen: Zu viel Druck erhöht den Druck. Gehen Sie weiter diesen Weg! Sie werden Ihr Ziel bestimmt erreichen!

Typ C

Sie sind der „Vernünftige"-Typ.

Sie spüren: Es ist Zeit für Seelenverschmelzungssex!

Der Befruchtungssex muss warten! Kopf hoch und denken Sie daran: Noch ist nicht aller Tage Abend.

… von meiner Schwangerschaft zu erfahren.

Irgendwann ist er da. Der Moment, wo man sich als Frau die Frage stellt: Will ich Mutter werden? Für mich war klar, ich will es nicht! Ich brauche dieses „Ich fühle mich erst dann als Frau, wenn ich Mutter bin“ nicht. Ich hatte auch nie dieses „Ist das Baby nicht süß“-Gefühl. Ich finde heute noch, dass Babys nicht süß sind, sie riechen auch nicht gut, sie stinken. Für meinen Mann war meine Einstellung Kindern gegenüber nie ein Problem, wir sind ein Team, denken als Team und agieren auch so. Das Kinder-Thema war für uns somit abgehakt. Doch erstens kommt es anders und zweitens als man denkt …

An einem Montagmorgen stand ich in der Früh auf und fühlte mich seltsam. Ich ging ins Bad und blickte in den Spiegel. Was ich da sah, gefiel mir gar nicht. Ich hatte müde Augen, ein blasses Gesicht und fettige Haare. Es dauerte nicht lange und ich musste mich übergeben. „Toll“, dachte ich, „die Muscheln gestern Abend waren doch keine gute Idee!“

Aufhalten ließ ich mich dadurch trotzdem nicht. Wozu gibt es Rouge, wenn nicht dafür, Gesichtsfarbe in ein farbloses Antlitz zu schummeln. Und schon eilte ich in Richtung Theater. An diesem

Tag war die erste Leseprobe für den Märchensommer Niederösterreich, für den ich als Autorin seit Anbeginn alle Theaterstücke schreibe. Noch immer fühlte ich mich schlecht. Anstatt meine neueste Arbeit präsentieren zu können, kotzte ich auf mein eigenes Textbuch.

Am nächsten Morgen ging es mir immer noch nicht besser. Im Gegenteil. In der Annahme, die Muscheln seien für mein mieses Bauchgefühl verantwortlich, sah ich mich schon im Krankenhaus mit einem Riesenschlauch im Mund.

Da schoss mir plötzlich durch den Kopf: „Wann hatte ich meine letzte Periode?“ Dicht gefolgt von: „Ich werde doch wohl nicht schwanger sein?“ Schwanger? Ich? Natürlich nicht! … Oder doch? Meine letzte Periode war schon länger her, aber das war und ist bei mir normal, wenn ich beruflich viel zu tun habe. Ich wollte, nein, ich musste sichergehen. Ein Schwangerschaftstest musste her! Aber einer reichte mir nicht. Ich kaufte einen weiteren und noch einen und zur Sicherheit noch einen zusätzlichen. Im Nachhinein gesehen hätte ich um Mengenrabatt bitten sollen, das wäre günstiger gewesen, aber geändert hätte es trotzdem nichts. Gereicht hätte ein einziger. Das Ergebnis der unzähligen Tests war, zu meiner Verwunderung, immer eindeutig: schwanger! Jetzt konnte mich nur noch meine Frauenärztin retten!

Meine Frauenärztin rettete mich nicht!

„Gratuliere, Sie sind schwanger!“, sagte sie lächelnd zu mir.

„Schwanger? Ich? Nein!

Das geht nicht! Ich kann schwanger ja nicht einmal buchstabieren und ich bin Autorin, das heißt was!", antwortete ich panisch. Außerdem schwanger?

Wie konnte das geschehen? Und wann ist es geschehen? Warum ist es geschehen? Wo ist es geschehen? Mit wem ist es geschehen?
Okay, mit wem war klar. Den Heiligen Geist konnte ich ausschließen.

Ich stieg in mein Auto und Hunderte Gedanken gingen mir durch den Kopf. Ein Kind? Wie soll ich das schaffen? Ich bin selbstständig! Ich bin Autorin. Ich habe Textabgaben. Ich bin beruflich viel unterwegs. Die Wohnung ist zu klein. Wir müssen umziehen! Wohin? Aufs Land? Wieder zurück zu meinen Eltern? Und wenn ich am Land lebe, geht sich das alles beruflich für mich aus? Und außerdem: Ich will kein Kind!
Bummmmmm!!!
All meine Chaosgedanken endeten schließlich in einem Autounfall.

Das Auto war kaputt, dem Ungeborenen und mir ging es gut.
Alle freuten sich, dass mein Mann und ich ein Kind bekommen würden. Und ich? Kotzte! In den darauffolgenden Tagen sah mein Mann überall glückliche Eltern mit entzückenden Kindern, während ich nur gestresste Eltern mit schreienden Kindern wahrnahm. Ist das mein Leben?, dachte ich.

Die Zeit verging, der Bauch wuchs, die nächste Premiere der „Kernölamazonen", für die ich ebenfalls als Autorin tätig war, rückte näher und meine Vorfreude auf meine Tochter wuchs. Das, was ich nie für möglich gehalten hätte, trat ein. Ich freundete mich mit meiner Rolle als Mama an. Ich genoss den Gedanken daran regelrecht. Mir ging es toll! Ich entschied mich, einen Termin für einen geplanten Kaiserschnitt zu vereinbaren. Ich wollte unter allen Umständen meine Arbeit nach der Geburt so fortsetzen, wie ich es gewohnt war. Nur eben als Mama.

… von meiner 2. Schwangerschaft zu erfahren.

Es gibt spezielle Momente im Leben, da weiß man auch Jahre später noch ganz genau, wo man gewesen ist. Meistens sind es tragische Ereignisse, Todesnachrichten und Katastrophenmeldungen. Zum Beispiel weiß ich noch ganz genau, wo ich war, als Michael Jacksons Tod verkündet wurde. Im neunten Monat schwanger stand ich in der Küche, bereitete das Abendessen vor und hörte die Nachricht im Fernsehen. Mein erster Gedanke war: Mein ungeborenes Kind und er würden nie zeitgleich leben. Das war auch der Moment, in dem mir zum ersten Mal mein Alter und die eigene Vergänglichkeit so richtig bewusst wurden. Wie lange würde ich leben und für mein Kind da sein können? Kann ich mein Kind für meine Leidenschaften begeistern oder entwickelt es sich in eine ganz andere Richtung? Und das Allerwichtigste überhaupt … Wird es mein Essen mögen? Das Hirn, ein faszinierendes Etwas, das sich in Ausnahmesituationen zu verselbstständigen scheint.

Wo es aber tadellos funktioniert, ist bei der Erinnerung an den einen Moment, in dem man von seiner eigenen Schwangerschaft erfuhr. Ich wage einfach zu behaupten, dass jede Mutter das noch weiß. Wenn nicht, dann ist jetzt vielleicht ein guter Zeitpunkt, sich daran zu erinnern …

Jede Frau kennt das.
Diese Ungewissheit, diese leicht aufkeimende Panik, wenn die Menstruation nicht dann einsetzt, wenn man sie eigentlich erwartet.
Für mich ist das Alltag. Da ich dauernd auf Tour bin und ständig irgendwelche aufregenden Auftritte im gesamten deutschsprachigen Bereich absolviere,

kann ich mich darauf verlassen, mich auf nichts verlassen zu können. Jedenfalls, was den Besuch der „roten Tante“ betrifft. Die kommt nämlich so, wie die allseits bekannte böse Schwiegermutter: zu oft und brauchen kann man sie auch nicht.
So begab es sich, dass ich auf einer Tour wieder einmal wo aufwachte und erst nicht wusste, wo ich war. Das bekam ich schmerzhaft zu spüren, denn ich versuchte, auf der Seite mit der Wand aus dem viel zu weichen Bett aufzustehen. Bitte nicht nachmachen!
Da war es plötzlich ... dieses Ziehen ... in meinen Brüsten. Es war nur der Bruchteil einer Sekunde, aber ich erinnerte mich sofort an diese Art von Schmerzen. Ich spürte sie bereits Jahre zuvor, immer wenn mein erstgeborener Sohn Lukas als Säugling Hunger hatte und gestillt werden wollte.
Da stand ich also. Zerrupft und müde betrachtete ich mich im Pyjama vor einem großen Spiegel mit der rechten Hand auf meinem Bauch und fragte laut: „Bist du schon da?“
Ich vergaß es daraufhin wieder oder ich verdrängte es. Ich behielt diesen Moment für mich. Mir war aber sehr wohl bewusst, ein Test würde mir nicht erspart bleiben.

Zwei Tage darauf war ein sehr wichtiger Tag. Den „Kernölamazonen“, meiner langjährigen Musikkabarett-Formation, stand ein ganzer Drehtag für eine Comedy-Fernsehreihe bevor. Zu diesem Zeitpunkt galten wir als Newcomer, umso aufgeregter waren wir.
Auf dem Weg zum Drehort wollte ich es schließlich wissen. Eigentlich war die Zeit knapp und eigentlich hätte ich es auch auf den nächsten Tag verschieben können und eigentlich war der Zeitpunkt denkbar ungünstig und eigentlich ... wie auch immer ... Ich musste bei einer Drogerie haltmachen. Die Gegend war mir völlig unbekannt, also irrte ich mit dem Auto umher, wurde aber schlussendlich fündig.
Irgendwie hatte ich das Gefühl, beobachtet zu werden, was natürlich völliger Humbug war. Deshalb beschloss ich, nicht nur einen Schwangerschaftstest zu kaufen, sondern auch eine große Packung Waschmittel dazu, obwohl ich

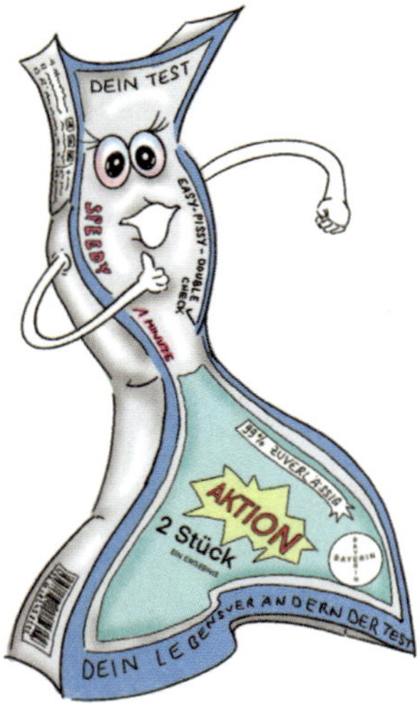

keinen Bedarf hatte. Diese Aktion erinnerte mich an meinen ersten Kauf von Kondomen. Man würde am liebsten im Erdboden versinken. Als ob die Mitarbeiter:innen ein geheimes Buch führen würden, wer, wann, wie und warum Verhütungsmittel, Menstruationszubehör oder Schwangerschaftstests kauft.
Wie auch immer. Von meiner ersten Schwangerschaft wusste ich jedenfalls, dass jeder Test gleich funktioniert und es nicht unbedingt der teuerste aus der Apotheke sein muss. „Nur das hochpreisige Produkt ist von guter Qualität." Nein, stimmt nicht. Aber auch das ist ein Lernprozess, den man im Laufe der Jahre durchmacht. Das Waschmittel hab ich in den Kofferraum geworfen, den Test in meiner Handtasche vergraben, ganz tief. Angekommen am Drehort, der ein stillgelegtes Gasthaus mit Innenhof und mit einer kleinen Bühne ausgestattet war, versuchte ich sofort, eine Toilette ausfindig zu machen. Das gestaltete sich als schwierig, denn es herrschte großes Tohuwabohu. Extrem viele Kollegen tummelten sich in der Garderobe und ich musste noch Text für Szenen lernen. Konzentrieren konnte ich mich natürlich nicht, meine Gedanken kreisten permanent um den Test.

Trotzdem arbeitete ich einige Stunden ganz normal und niemand bemerkte, dass ich innerlich total aufgeregt war. In der Mittagspause war es dann so weit. Die Toilette, das begehrte Ziel des Tages, rückte in greifbare Nähe.
Das Gelände war groß und ich musste zuerst meine Jacke besorgen, denn ich trug nur ein Kleidchen und in dem hätte ich den Test niemals verstecken können. Zum Glück war es saukalt und das Klo am anderen Ende, sodass keiner sich wunderte, warum ich so eingemummt herumlief. Dann war ich endlich da. Am Klo. Das Klo, mein Test und ich. (Eigentlich ein schöner Buchtitel.) Wissend, dass die anderen gerade ihr Schnitzel aßen, öffnete ich die Verpackung und hielt mich exakt an die Anweisungen der Anleitung. Noch

bevor der Streifen erschien, der für die Richtigkeit des Tests steht, war der „Schwanger"-Streifen zu sehen.
Schwanger. Schon wieder ... Ich wusste es bereits, seit ich vor dem Spiegel gestanden war, aber nun hatte ich die Gewissheit. Ich freute mich unglaublich und sagte laut, noch immer auf der Toilette sitzend: „Du bist ja wirklich da!"
Dann ging ich zurück und aß mein Schnitzel. Mir wurde Alkohol angeboten, aber ich lehnte dankend ab. In diesem Moment wurde mir klar, dass ich das auch die nächsten zwei Jahre tun würde.
Mir ging es gut. Ich war total glücklich. Ein Wunschkind war auf dem Weg ... Nur in meinem Kopf waren Millionen Gedanken! Wird alles gut gehen? Wie sage ich es meinem Mann? Und wie meinem kleinen Lukas? Wann erzähle ich es meinem Ex, dem Vater von Lukas, und wann meinen Eltern? Wie viele Auftritte muss ich absagen? Wird Gudrun, meine Spielpartnerin, sauer sein? Werde ich wieder einen Not-Kaiserschnitt brauchen? Werde ich normal gebären können? Und wo? Was wird es? Was will ich, dass es ist? Wie dick werde ich sein? Werde ich wieder ewig meinen Bauch behalten? Werde ich wieder Schwangerschaftsdiabetes bekommen? Nehme ich mir eine Hebamme? Wer geht in Karenz? Wann kann ich wieder arbeiten? Wer wird aufpassen? Schaffe ich das?
All diese Gedanken waren in Sekundenschnelle in meinem Kopf und neben mir die unzähligen Kollegen, die sich gegenseitig in ihrer Selbstdarstellung zu überbieten versuchten. Der stärkste Gedanke aber war: Kann ich überhaupt ein zweites Kind lieben? Ich musste auf jeden Fall schnell mit jemandem reden, sonst wäre ich total durchgedreht. Der Erste, der es erfuhr, war mein damals sechsjähriger Sohn Lukas. Ich wusste, er konnte Geheimnisse gut für sich behalten. Er freute sich überschwänglich

und wir beschlossen, dass er derjenige sein würde, der es Getsch erzählt. Dazu verabredeten wir uns zusammen mit einem befreundeten Pärchen am Schönbrunner Weihnachtsmarkt. Getsch wurde losgeschickt, um Glühwein zu besorgen … alkoholfrei versteht sich. Als er zurückkam, sagte Lukas zu Getsch, er müsse ihm etwas sagen. Lukas flüsterte ihm ins Ohr: „Die Mama hat ein Baby im Bauch." Getsch verstand nicht recht und sah mich mit großen Augen an. Lukas wiederholte es, diesmal noch deutlicher: „Die Mama hat ein Baby im Bauch." Da stiegen Getsch die Tränen in die Augen und er sagte: „Ist das wahr? Ist das wahr?" Danach umarmte er mich, wirbelte mich herum und küsste mich ausgiebig. Er weinte wie ein Schlosshund, er konnte sich gar nicht mehr beherrschen.

Auch das Pärchen, das mit uns war, konnte es kaum glauben und freute sich mit uns. Lukas war erleichtert, dass er es nicht mehr verheimlichen musste. Jedenfalls nicht vor Getsch, vor allen anderen schon …

… mir blöde Ratschläge anhören zu müssen.

Ratschläge. Ich liebe sie. Vor allem, wenn ich sie von jemandem bekomme, den ich nicht darum gebeten hab. Bis zu meiner Schwangerschaft konnte ich den, von mir so genannten, „Ratschlag-Menschen" gut entkommen. Doch dann ging es los. Kaum war mein Babybauch sichtbar, wurde ich Freiwild für diejenigen, die es sich zur Lebensaufgabe machten, mir Ratschläge zu erteilen. Was sage ich … mir ihre Ratschläge aufzudrängen, wäre die passendere Formulierung. Jede Frau kennt wahrscheinlich den Satz, der mit folgenden Worten beginnt: „Jetzt, wo du Mutter wirst, solltest du … !"

Das war dann immer der Moment, wo ich in Richtung Toilette rannte, um mich zu übergeben. Nicht, weil mir wegen der Schwangerschaft schlecht war, nein, sondern, weil ich mir die Ratschläge aus dem Leib kotzen musste!
Ist Ihnen eigentlich schon aufgefallen, dass im Wort „Ratschläge" das Wort „Schläge" steckt? Und solche Art von Schlägen bekam ich unzählige ab. Viele unterschiedliche verbale Schläge, weil ich mich für einen geplanten Kaiserschnitt entschied. Ebenfalls, als ich darüber hinaus den Entschluss fasste, mein Kind nicht stillen zu wollen. Aber mein Busen gehört mir. Punkt, aus, Schluss, Ende, keine Diskussion. Trotzdem wurde ich mit Ratschlägen überhäuft. Sie kamen aus dem Nichts und wurden mir schonungslos entgegengeworfen. Ich war den Ratschlägen oft hilflos ausgeliefert.
„Geplanter Kaiserschnitt? Bist du verrückt?"
„Du stillst dein Kind nicht? Warum? Stillen ist doch das Schönste auf der Welt!", „Du willst keine natürliche Geburt? Du hast ein Problem!", „Wer nicht stillt, hat später keine gute Bindung zu seinem Kind!", „Millionen von Frauen

haben ihr Kind natürlich geboren. Gib zu, du hast Angst!", „Ohne Muttermilch wird dein Kind viele Allergien bekommen. Willst du das?", „Du solltest eine Therapie machen!"

Das ist nur ein kleiner, aber feiner Ausschnitt davon, was mir so an den Kopf geworfen wurde. Dennoch. Ich habe es durchgezogen. Ich habe getan, was ich wollte. Ich habe meine Tochter per Kaiserschnitt auf die Welt gebracht und ich habe sie nicht gestillt. Ich habe mir das gut überlegt und ich bereue nichts. Ich liebe meine Tochter und sie liebt mich – sagt sie jedenfalls. Ich kann jeder Mutter nur empfehlen: Geh' deinen Weg!
Nimm nur Ratschläge von Menschen an, die auch du um Rat fragen würdest!
Das war jetzt auch ein Ratschlag, oder? Ups, erwischt …
Okay, ich gebe es zu. Natürlich nehme ich mir diverse Ratschläge zu Herzen und befolge sie, allerdings immer nur von Menschen, denen ich vertraue oder die mir nahestehen. Ich gebe auch gerne welche, wenn mich jemand um meine Meinung bittet. Wie erst neulich, als mein Kind mich fragte, welche Ratschläge okay sind und welche sie „kübeln" kann …

10 RATSCHLÄGE *an mein Kind, die Sinn ergeben …*

- Sag Nein, wenn du Nein sagen willst!
- Warte nicht auf deinen Prinzen / deine Prinzessin. Steh auf eigenen Beinen.
- Lebe im Jetzt!
- Vertraue auf dein Bauchgefühl!
- Was vorstellbar ist, ist auch machbar.
- Alles eine Frage des Blickwinkels.
- Geh deinen Weg und glaub an dich, egal was andere denken.
- Mach Fehler und lerne daraus!
- Sammle Momente und nicht Dinge.
- Hilf anderen und lass dir helfen.

10 RATSCHLÄGE ***an mein Kind, die für nix sind …***

- Wenn du schielst, bleiben deine Augen stecken!
- Bis du heiratest, ist alles wieder gut.
- Süßes ist schlecht für die Zähne!
- Augen zu und durch!
- Aufessen was auf den Teller kommt!
- Zu unserer Zeit war das so, also wird's so schlecht nicht gewesen sein.
- Misch dich nicht ein, jeder muss allein mit seinen Problemen zurechtkommen.
- Wenn dich wer haut, hau zurück.
- Nach dem Essen nicht schwimmen gehen, sonst ertrinkst du.
- Wer weint, verliert.

… mit anderen Müttern zu reden.

Kinder und Arbeit unter einen Hut zu bringen, ohne komplett überfordert zu sein, ist die Königsdisziplin im Alltag. Man fragt sich oft, ob man alleine ist mit all seinen Problemen, die sich tagtäglich auftun. Oder gibt es da draußen in den unendlichen Weiten des Windelwechselns, Pausenbrotschmierens oder des Kinderchauffierens auch noch andere, die genau dieselben Hürden überwinden müssen?
Diese Frage kann man ganz klar mit „Ja!" beantworten. Es gibt diese Mütter, die voll in ihrer Arbeit gefordert sind, dort alles geben und trotzdem, scheinbar mühelos, das Familienleben organisieren. Sie sind Ärztinnen, Managerinnen, Elementarpädagoginnen, Schauspielerinnen, Politikerinnen, Journalistinnen, Köchinnen und vieles mehr. Egal ob sie berühmt oder unbekannt sind, wohlhabend oder Geringverdienerinnen, sie eint eines: die Liebe zu ihren Kindern und die Einsicht, dass mehr Gelassenheit auch zum Ziel führt.

Die „Working Mums", die ich treffen durfte, könnten unterschiedlicher nicht sein. Beginnen möchte ich aber mit der Frau, die seit mehr als fünfzehn Jahren auf der Bühne an meiner Seite steht: **Gudrun Nikodem-Eichenhardt**

Sie war die Erste, die mich als „Working Mum" erlebt und begleitet hat.
Als ich mit Lukas schwanger war, entschieden wir uns, nur mehr für das Projekt „Kernölamazonen" zu arbeiten. Bis zu diesem Zeitpunkt war ich an vielen verschiedenen Projekten beteiligt. Ich spielte in Graz und in Wien an diversen Häusern, sang für die A-cappella-Formation „4she", hatte eine eigene Band „Lerchenfeld" und choreografierte über dies hinaus Musicals und Operetten-

produktionen. Alles in allem hatte ich bis dato meine Aufmerksamkeit nicht auf die „Amazonen“ gelegt.

Mit dem Entschluss, das zu ändern, passierte einiges.

Wir erneuerten alles! Unser Kürbis-Herz-Logo war nur der Anfang. Es folgten neue Fotos, eine neue Homepage, wir suchten einen neuen Pianisten, einen Regisseur, wir investierten in tolle Kostüme, Mikrofone, ein E-Piano und vor allem wollten wir ein ganz neues Stück herausbringen. Wir konzentrierten uns alleinig auf dieses Projekt und gaben uns einen klaren Zeitraum von einem Jahr, um zu beobachten, wie sich alles entwickeln würde. Es wurden eineinhalb Jahre in denen wir überall spielten und uns nur das Allernotwendigste auszahlten. Kein Zeltfest, kein Kellergewölbe und keine Waldbühne war uns zu klein. Wir nahmen alles an und versuchten uns einen Namen zu machen.

Und… es funktionierte. Der Plan ging auf. Wir wurden gebucht. Unser Ruf eilte uns voraus, wir waren ein Geheimtipp.

Was aber auch hieß, dass es für mich unendlich anstrengend war. Ich war gerade Mutter geworden, musste tagsüber voll für das Baby da sein und abends auf den österreichischen Bühnen das Publikum unterhalten. Gudrun und ich kümmerten uns immer um das Beladen des Autos, wir wechselten uns am Steuer ab, wir bauten die Bühne auf, machten den Soundcheck und wiesen die Techniker vor Ort ein. Beim Schreiben dieser Zeilen wird mir wieder bewusst, was für eine anstrengende und emotional intensive Zeit das nicht nur für mich als junge Mutter war, sondern auch für uns als Duo. Eine Zeit, die uns zusammengeschweißt hat.

Die Erfahrungen, die wir damals sammelten, waren ausschlaggebend für den Erfolg, den wir jetzt feiern dürfen.

Umso mehr freut es mich, jetzt ein Team zu haben, auf das ich mich blind verlassen kann und welches mir so den Rücken frei hält, dass ich für meinen zweiten Sohn Oskar viel mehr Zeit habe.

Dafür kann ich mich gar nicht oft genug bedanken!

Aber damals war es Gudrun, die immer schnell mit mir nach Wien zurück düste, damit ich meine Stillzeiten einhalten konnte. Sie übernahm das Organisatorische und die Finanzen, was sie bis heute immer noch über hat,

und nahm mir so viel Last von den Schultern.
Heute ist sie selbst Mama.
Und auch wenn sich unsere Lebenssituationen geändert haben, ist der Spagat zwischen Arbeit und Kind einmal leichter und einmal schwerer zu bewältigen. Aber wie empfindet sie diese Doppelrolle? Das habe ich sie gefragt.

Was war die größte Veränderung seit du Mutter bist?
Dass sich meine Prioritäten verschoben haben. Ich hatte wirklich zu kämpfen, vor allem meinen Ansprüchen als Mutter gerecht zu werden. Ich hatte permanent das Gefühl zu scheitern und dass ich dem kleinen Lebewesen nicht genug von dem geben kann, was es eigentlich bräuchte.

Inwiefern hat sich das Mutter-Sein auf deine Arbeit ausgewirkt?
Ich war gefordert, die Grenzen zwischen Arbeit- und Mutterdasein zu ziehen. Auch für das gesamte Team war es dadurch eine Veränderung. Statt allein bin ich zu dritt gereist. Ich habe gelernt effizienter zu sein.

Was schätzt du am meisten am Mutter-Sein?
Ich bin weicher geworden. Liebevoller. Verständnisvoller. Klarer im Formulieren meiner Bedürfnisse. Da ist ein Kind, das dich braucht, und die Oberflächlichkeiten des Lebens verlieren an Bedeutung. Es hat mich demütig, geduldig und konsequent gemacht.

Was würdest du einer werdenden Mutter raten?
Keep cool, so gut es geht. Genieße dein Kind und versuche dir selbst Liebe entgegenzubringen, wenn du an dir zweifelst. Denn wie Caro immer schon richtig gesagt hat: Es ist alles nur eine Phase und es geht vorbei.
Im Laufe meiner Karriere durfte ich ganz tolle Kolleginnen treffen. Viele hatten Angst davor, ihre Bühnenkarriere bereits mit der Schwangerschaft aufgeben zu müssen. Tatsächlich habe ich auch Schauspielerinnen erlebt, die ihren Beruf an den Nagel hängen mussten, weil sie sich den Babysitter nicht leisten

konnten. Das machte ehrlich traurig. Mir wurde erst dann bewusst, was für ein Glück ich hatte, ein funktionierendes Netz an Betreuungspersonen zur Verfügung zu haben. Sonst wäre mein Leben bestimmt anders verlaufen.
Aber wo wäre ich ohne meine Kinder? Wäre ich glücklicher? Habe ich etwas versäumt?
Solche und viele andere Fragen habe ich meinen Gesprächspartnerinnen gestellt.
Was ich da zu hören bekam, hat mich schockiert, erstaunt, aufgewühlt, gefreut, belustigt, aber vor allem sehr berührt.
Das Erlebnis, ein Kind auf die Welt zu bringen, es beim Aufwachsen zu beobachten und es schließlich wieder gehen zu lassen, ist kaum in Worte zu fassen. Die folgenden Frauen haben es nichtsdestotrotz probiert …

„Ich muss aus dem, was ich habe, das Beste machen."

Adriana Zartl
Schauspielerin und Moderatorin
… lernte ich vor mehr als 25 Jahren kennen.
Ich tanzte mit ihr zusammen bei einem damaligen Urgestein des Wiener Staatsopern Balletts, Frau Ziegler. Seit dieser ersten tänzerischen Begegnung kreuzten sich unsere Wege regelmäßig auf den diversen Bühnen dieses Landes, aber auch privat schlugen wir uns so manche Nächte um die Ohren. Sie war die Einzige, die ich gegen zwei Uhr früh anrufen konnte und die abhob, weil sie selbst immer so lange wie ich unterwegs war. Sie ist eine der stärksten Frauen, die mir persönlich begegnet ist. Keiner der vielen Schicksalsschläge hat es geschafft, ihr die gute Laune und die Lebenslust zu nehmen. „Adi", wie ich sie nennen darf, ist ein großes Vorbild für mich. Eine Lebens- und Überlebenskünstlerin, ein Stehauf-Frauchen und erfreulicherweise meine langjährige Freundin.
Adriana Zartl hat einen Sohn namens Luca.

* Die größte Veränderung war der Schlafentzug.
* Organisation ist alles und ohne funktionierendes Netzwerk geht gar nichts.
* Ihre Überzeugung ist es, dass eine entspannte Mutter, ein entspanntes Kind hat.
* Sie plädiert dafür, die Aufgaben zu teilen und dabei die Stärken des jeweiligen Elternteils auszunutzen.
* Seit sie Mutter ist, lebt sie den Moment.

Adrianas Tipp an werdende Mütter

„Verlasse dich auf deine Intuition, hör auf dich, es wird funktionieren. Kein Problem ist unlösbar."

Adrianas Worte an ihren Sohn

„Mach das, was dir Spaß macht! Sei glücklich mit dem, was du machst."

„Das ist ein großer Mantel an Verantwortung, den man sich da umhängt."

Aida Loos
Kabarettistin

... begegnete mir erstmals bei einer Mixed Show im Casanova Wien. Damals sprachen wir kaum miteinander, was daran lag, dass ich bei solchen Anlässen dazu tendiere mich zurück zu ziehen und eher wenig zu kommunizieren. Erst Jahre später kreuzten sich unsere Wege erneut bei einer Fernsehshow, die nur deshalb stattfand, weil es einen öffentlichen Aufschrei gab, weil der ORF in seiner Sommerkabarett Schiene keine Frauen im Programm hatte. Nicht nur, dass ich ihr Kabarett-Set sehr gut fand, sie selbst imponierte mir. Ab diesem Zeitpunkt trafen wir uns regelmäßig und trotz, oder gerade wegen, anfänglicher Reibungen, entstand eine wunderschöne Freundschaft. Sie ist eine der stärksten Persönlichkeiten, die ich kenne. Mutig, liebevoll, klug und noch dazu eine Frau, mit der man gerne länger zusammensitzt und eine Flasche Prosecco nach der anderen leert.

Aida Loos hat zwei Mädchen namens Alma und Frida.

* Anfangs war es sehr lange sehr anstrengend.
* Sie zweifelte, ob sie alle Herausforderungen würde stemmen können.
* Sie machte sich selbst wahnsinnigen Stress.
* Sie stört, dass es bei Frauen sehr wenig braucht, um als Rabenmutter bezeichnet zu werden.
* Sie plädiert dafür, Urvertrauen zu haben. Es kommt alles, wie es kommt.

Aidas Tipp an werdende Mütter

„Genieße alles, auch wenn es manchmal schwer ist. Schau, dass du gedanklich und mit deiner Aufmerksamkeit dort bist, wo du dich gerade befindest. Wenn du in der Arbeit bist, habe kein schlechtes Gewissen wegen deiner Kinder und wenn du bei den Kindern bist, habe kein schlechtes Gewissen wegen deiner Arbeit."

Aidas Worte an ihre Kinder

„Ich liebe euch! Ihr könnt alles! Ihr könnt alles werden!
Macht euch finanziell unabhängig. Ich will, dass ihr glücklich seid, dass ihr macht, was ihr liebt, und dass ihr Menschen um euch habt, die euch lieben.

„Du kannst nicht mehr das tun für dich, was du gern tun würdest."

Katharina Straßer
Schauspielerin und Sängerin

... begegnete mir zum ersten Mal auf einer Party. Das ist schon sehr lange her, aber ich erinnere mich noch, dass mir ihre extrovertierte Art sofort auffiel. Sie stach aus der Menge heraus mit ihrem Blondschopf und ihrem lauten Lachen. Ihre Hingabe und ihr Fleiß brachten sie dorthin, wo ich mir schon damals dachte, dass sie hingehört: ins große Rampenlicht! Man kann sich glücklich schätzen, sie als Kollegin zu haben. Was manche Kollegen über die

Jahre verlieren, ist bei ihr stets gleich geblieben: Die Ehrlichkeit und Bodenständigkeit zeichnen sie immer noch aus und ich freue mich jedes Mal, wenn ich sie am Bildschirm oder im Theater bestaunen kann. Noch mehr würde es mich manchmal freuen, öfter einen Spritzer mit ihr zu trinken und einfach nur Mama-Freizeit genießen zu können.

Katharina Straßer hat einen Sohn namens Emil und eine Tochter namens Lieselotte.

* Die größte Umstellung, die sie als Mutter erfahren hat, war die Tatsache, dass es nicht mehr um sie ging.
* Die Sehnsucht in ihr, nicht mehr alleine zu sein, wurde mit der Geburt ihrer beiden Kinder total gestillt.
* Sie ist selektiver geworden und macht nicht mehr alles, was ihr angeboten wird.
* Würde sie wider Erwarten noch ein Kind bekommen, würde sie sich dazu zwingen, es noch mehr zu genießen und eine längere Auszeit zu nehmen.
* Nichts macht sie so glücklich wie ihre Kinder.

Katharinas Tipp an werdende Mütter

„Nicht stressen, mehr genießen!
In der Schwangerschaft nicht zu viele Tipps annehmen, man spürt alles sehr gut selbst."

Katharinas Worte an ihre Kinder

„Ich wünsche euch, dass Ihr starke Persönlichkeiten werdet. Vertraut auf euch selbst, kennt eure Kraft und wisst sie einzuteilen. Und trotz Selfcare, vergesst nicht auf die anderen! Nur gemeinsam macht alles Sinn."

„Ich habe mich so oft beschissen hilflos gefühlt."

Lilian Klebow
Schauspielerin, Aktivistin, Autorin

… kenne ich gefühlt aus einem anderen Leben. Bei meinem ersten Engagement am Wiener Metropol lernte ich sie kennen. Die Probenzeit war sehr intensiv, die ganze Produktion stand unter einem schlechten Stern, weil permanent jemand krankheitsbedingt ausfiel und ich ständig einspringen musste. So auch für sie. Aber das Lustige daran war, dass ich nicht den ganzen Part übernahm, sondern hinter der Bar sitzend Playback für sie sang, während sie auf der Bühne ihre Rolle spielte. Ich lernte sie als fleißige, aber auch sehr zielstrebige Kollegin kennen. Sie wusste schon damals, sie möchte weg vom Theater, hin zu Film und Fernsehen. Sie rannte auf unzählige Castings und war oft niedergeschlagen ob der vielen frustrierenden Absagen, bis sie endlich die verdiente Serien-Hauptrolle angeboten bekam. Niemandem vergönnte ich es mehr als ihr!

Lilian Klebow hat eine Tochter namens Charlie und einen Sohn namens Sonny.

* Sie hätte sich niemals zugetraut, überhaupt Mutter zu werden.
* Die Kinder machten sie weicher, zerbrechlicher, das wirkte sich auch auf ihre Arbeit aus.
* Sie musste lernen, jemanden von außerhalb in ihr Leben zu lassen und selbst ein Netzwerk aus jungen Babysitterinnen zu spannen.
* Auf Rollen, die sie für längere Zeit ins Ausland geführt hätten, verzichtete sie.
* Ohne Kinder wäre sie nie mit diesem ganzen Universum an großartigen Menschen konfrontiert.

Lilians Tipp an werdende Mütter

„Kinder sind ein Geschenk auf Zeit. Wisse die Zeit zu schätzen! Genieße sie mit allen Höhen und Tiefen. Das, worüber du dich gerade geärgert hast, wirst du im nächsten Moment vermissen."

Lilians Worte an ihre Kinder
„Sei du selbst! Bleib bei dir! Hör in dich hinein! Versucht nicht, jemandem zu gefallen. Ihr seid gut, so wie ihr seid!“

„Ich weiß gar nicht, was ich davor in der vielen Zeit gemacht habe.“

Nina Blum
Schauspielerin, Intendantin, Psychologin, Systemische Beraterin, Trainerin
... kam damals eigentlich nach Graz in die Vorstellung von „Das Tagebuch der Anne Frank“, in der ich die Titelrolle verkörperte, um eine meiner Kolleginnen für ihren Märchensommer zu engagieren. Nur entschied sie sich danach nicht für sie, sondern für mich. Das war der Anfang einer beruflichen Beziehung, die, trotz mancher künstlerischen Differenzen, immer auf Augenhöhe und mit viel Spaß verbunden ist. Über die Jahre und speziell nach der Geburt ihrer Tochter vertiefte sich unser Verhältnis und wir verbrachten mehr Freizeit miteinander. Ich bewundere ihre Zielstrebigkeit und ihre Fähigkeit alles umzusetzen, was sie sich vorstellt. Sie ist eine gute Zuhörerin, eine lustige Gesellin und ich freue mich auf alles, was sie in Zukunft noch für uns und unsere Kinder auf die diversen Bühnen dieses Landes zaubern wird.

Nina Blum hat eine Tochter namens Elsa.

* Sie entwickelte erst mit vierzig einen Kinderwunsch.
* Man hat nicht mehr so viel Zeit, man wird selektiver.
* Aufgeben musste sie nicht viel, die Prioritäten hätten sich lediglich geändert.
* Zum Thema „Stillen“ hat sie eine klare Haltung: Es soll jeder machen, wie er will.
* Viele haben oft den Anspruch, schon früher wieder in die Arbeitswelt zurückzukehren, aber man sollte sich nicht überfordern.

Ninas Tipp an werdende Mütter

„Erwarte nichts und lass dich darauf ein."

Ninas Worte an ihre Tochter

„Vertrau deinem Herzen und hab große Träume!"

Zum Glück gibt es Frauen da draußen, die „was G'scheites gelernt haben". Das hätte sich meine Großmutter für mich auch immer sehnlichst gewünscht. Ihr Traum wäre es gewesen, wenn ihre Enkelin Lehrerin geworden wäre. Daraus wurde bekanntlich nichts.

Obwohl ich damit eine hundertprozentige Jobchance gehabt hätte, aber ebenso hundertprozentig keine Nerven mehr.

Mütter sind in jeder Berufsgruppe zu finden. Es war besonders interessant für mich, mit Frauen zu sprechen, die in einer für mich ganz anderen Welt leben. Frauen, die anderen Menschen helfen, sie heilen, ihnen Zeit verschaffen oder die für ihre Rechte kämpfen.

Die folgenden Mütter sind wieder nur ein kleiner Teil und decken bei Weitem nicht das volle Spektrum der Situationen ab, in denen sich Mütter befinden. Ich lasse sie dennoch zu Wort kommen und führe aus diesem Grund meinen Podcast „Working Mums" weiter.

„Durchs Reden kommen die Leut' zamm." Auch das hat meine Oma gesagt. Diese Überzeugung teile ich auch und deshalb reden jetzt diese Mütter …

„Ich kann nicht sagen, dass ich von Geburt an diese unglaubliche Liebe empfunden habe, dafür kam sie dann aber umso stärker auf."

Beate Meinl-Reisinger
Politikerin

… kam mir erstmals auf dem einen oder anderen Plakat in Wien unter. Richtig aufgefallen ist sie mir, nachdem sie den Parteivorsitz von NEOS übernommen hatte. Auch wenn ich nicht alle politischen Überzeugungen teile, war sie mir immer sehr sympathisch. Sie ist authentisch, kämpft sehr leidenschaftlich für ihre Themen und sie ist ehrlich. Das ist eine Eigenschaft, die ich bei unseren Politikern vermisse. Als ich in den Medien von der ihr bevorstehenden Geburt erfuhr, war mein erster Gedanke: Die Arme! Sie wird sicher von allen Seiten zerrissen werden. Die Souveränität, mit der sie scheinbar ihr drittes Kind in ihren stressigen Polit-Alltag integrierte, imponierte mir und gleichzeitig empfand ich es als sehr wichtig zu zeigen, dass man als erfolgreiche Frau im Beruf nicht auf Kinder verzichten muss. Sie ist ein großes Vorbild und führt den Kampf für eine umfangreiche Bildungsreform als Mutter glaubwürdiger als jemals eine Politikerin zuvor.

Beate Meinl-Reisinger ist Mutter von drei Töchtern.

* In der Schwangerschaft empfand sie unglaubliche Freude, aber auch unglaubliche Angst.
* Im Nachhinein erkannte sie, dass sie eine postnatale Depression gehabt haben musste.
* Sie habe in der Phase „Teilzeitarbeit“ die Erfahrung gemacht, dass man nicht arbeiten geht, um Geld zu verdienen, sondern nur arbeitet, um die Kinderbetreuung bezahlen zu können.
* Die Kinder waren ein sehr starker Antrieb dafür, selber aktiv in die Politik zu gehen.
* So anstrengend alles ist, die Erdung und die Balance im Leben geben ihr ihre Töchter.

Beates Tipp an werdende Mütter

„Mach nicht alles selber! Es ist völlig okay, sich Hilfe zu suchen.“

Beates Worte an ihre Kinder

„Ich liebe euch, egal, was ihr tut. Ihr seid wunderbar, so wie ihr seid. Ihr habt immer einen Ort, an den ihr zurückkommen könnt. Ich bemühe mich, dass ihr gute Wurzeln habt, aber eure Flügel müsst ihr selber ausspannen und ihr müsst selber fliegen.“

„Das schlechte Gewissen kommt schon in der Früh beim Kind-Wecken."

Brigitta Haase
Elementarpädagogin, Gastronomin
... kenne ich schon gefühlt mein ganzes Berufsleben lang.
Ich erinnere mich noch sehr gut an eine Zeichnung, die ich bekam, als ich im Theater der Jugend spielte. Sie war von ihrem Sohn, der, wie sich herausstellte, ein großer Fan von mir war.
Seitdem begegneten wir uns immer wieder und ich glaube sogar, dass sie eine der wenigen Menschen ist, die nahezu alles, was ich jemals auf der Bühne gemacht habe, gesehen hat. Mittlerweile ist sie aber nicht mehr nur ein treuer Fan, sondern eine Freundin, auf die ich mich verlassen kann. Wo sie ist, herrscht gute Laune und ich genieße es immer wieder, mit ihr ein gutes Glas Wein zu trinken oder auch ein Gin Tonic.

Brigitta Haase hat eine Tochter namens Ulrike und einen Sohn namens Stefan.

* Nachdem sie eine Fehlgeburt erlitten hatte, war sie umso glücklicher, als sie von ihrer erneuten Schwangerschaft erfuhr.
* Sie lernte, mit wenig finanziellen Mitteln ein glückliches Leben zu führen.
* Das erste Jahr nach der Rückkehr in ihren Beruf als Elementarpädagogin war sehr hart.
* Nach der ersten Geburt hätte sie gerne eine Vertrauensperson gehabt, mit der sie ihre Sorgen, Ängste und Unsicherheiten besprechen hätte können.
* Ihrer Familie zu Liebe gab sie ihren Herzensberuf auf und stieg in den Weinbaubetrieb ein.

Brigittas Tipp an werdende Mütter
„Hör auf dein Gefühl und hol dir Hilfe!"

Brigittas Worte an ihre Kinder
An Ulli: „Nimm's leichter, du musst nicht perfekt sein!"
An Stefan: „Mach weiter so! Du weißt, was du willst."

„Es geht dir als Mama gut, wenn es deinem Kind gut geht."

Mag. Martina Chvalina-Kohlbach
Human Resources Management, Business Coach
... ist Michis Freundin und ich lernte sie vor einigen Jahren auf einer von Michis legendären Weihnachtsfeiern kennen. Ich verstand mich auf Anhieb mit ihr aufgrund ihrer offenen und lebensfrohen Art und der spannenden Gesprächsthemen. Ich erfuhr damals von Michi auch, dass sie eine viel beschäftigte, erfolgreiche Business Lady ist, wie sie Martina so schön beschreibt. Vermutet hätte ich das nie, denn sie wirkte auf mich sehr ausgeglichen und erfüllt, was man von vielen verbissenen und erfolgshungrigen Arbeitstieren nicht behaupten kann. Ich freue mich immer, wenn ich auf sie treffe. Und sie ist eine Bereicherung bei jedem Event und jeder Party!

Martina Chvalina-Kohlbach hat eine Tochter namens Kaja.

* Sie konnte Tempo aus ihrem Leben herausnehmen und genoss es, mit dem kleinen Lebewesen Zeit zu verbringen.
* Sie hatte immer das Gefühl, in ihrem Leben gäbe es viele Bälle, die sie zu jonglieren hat, aber mit ihrer Tochter kam ein ganz wichtiger Ball hinzu.
* Man hat die Verantwortung, das Kind, das man in die Welt gesetzt hat, gut zu begleiten und zu unterstützen.
* Es musste mehr Flexibilität und Zeit geben, deshalb entschloss sie sich, in die Selbstständigkeit zu gehen.
* Das Schöne ist, es gibt jetzt einen einzigen Menschen, der „Mama" zu ihr sagen darf.

Martinas Tipp an werdende Mütter
„Vergiss nicht darauf zu schauen, dass es auch dir gut geht."

Martinas Worte an ihre Tochter
„Ich hab dich unsagbar lieb! Es ist schön, einen Teil meines Lebens an deiner Seite gehen zu dürfen."

„Bis hierher und nicht weiter."

Katharina Domiter
Journalistin
... kenne ich über Facebook. Ihre Ohrring-Kreationen sind mir sofort ins Auge gestochen und irgendwann konnte ich nicht mehr anders und musste sie bestellen. Seitdem bin ich ein regelmäßiges Opfer und mein Schmuckkasten ist voll von ihren außergewöhnlich tollen Kreationen. Über ihre Postings erfuhr ich von der Geburt ihrer Tochter und dass sie Journalistin ist. Da wurde ich neugierig und musste sie unbedingt zu meinem Podcast einladen. Erfreulicherweise sagte sie mir zu und sie war mir auf der Stelle sehr sympathisch. Offen, fröhlich und ehrlich, als das würde ich sie bezeichnen, auch wenn ich sie nur ganz kurz getroffen habe. Aber ich freue mich auf jede weitere Begegnung!

Katharina Domiter hat eine Tochter.

* Schwanger zu werden sei für sie ein ganz großes Wunder und alles andere als selbstverständlich.
* Die größte Veränderung nach der Geburt bemerkte sie im Verlust ihrer Selbstbestimmung.
* Sie musste lernen, anderen Menschen Grenzen aufzuzeigen.
* Oft hinterfragt sie das gesellschaftliche Bild der Frau. Was würde sie ihrer Tochter vermitteln wollen?
* Man ärgert sich über gewisse Dinge, die passieren im Leben, aber sie hat nicht mehr die Zeit, sich darüber zu ärgern.

Katharinas Tipp an werdende Mütter
„Mach es wie du möchtest."

Katharinas Worte an ihre Tochter
„Mach, was dich glücklich macht, und lass dich nicht von anderen Menschen ablenken."

„Ich bin das personifizierte schlechte Gewissen."

Dr. Heike Sommer-Stern
HNO-Ärztin und Allgemeinmedizinerin
... wurde mir als HNO-Ärztin für meinen Sohn empfohlen. Sie hat ihm auch tatsächlich damals eine Ohren-OP erspart. Seitdem bin ich nur mehr bei ihr, wenn es um mich und meine Kinder geht. Sie ist aber nicht nur die beste Diagnostikerin, die es meiner Meinung nach gibt, sondern über die Jahre auch eine gute Freundin geworden. Ihre Hingabe zu ihrem Beruf, ihre Beziehung zur Natur und ihre Liebe zu ihrem Hund Moritz sind einzigartig und herzerwärmend. Mit ihr kann man lachen und weinen, Tischtennis spielen und Kräuter sammeln, Wein trinken und Kuchen backen. Die Zeit, die ich mit ihr verbringe, genieße ich immer in vollen Zügen, weil ihre positive Ausstrahlung so ansteckend ist, dass es einem hinterher immer besser geht als davor.

Heike Sommer-Stern hat einen Sohn namens Christoph und eine Tochter namens Leonie.

* Von der ersten Sekunde des Aufstehens bis zum Schlafengehen war alles durchgeplant.
* Es gibt nicht das absolut Richtige, wenn es um die Vereinbarkeit von Beruf und Kindern geht.
* Jedes Mal, wenn sie das Haus verlassen hat, ging es ihr nicht gut, aber der Impuls, die Ausbildung zu beenden und zu arbeiten, war stärker.

* Sie hatte beides, was sie brauchte: intellektuelle und berufliche Erfüllung auf der einen Seite und ihre Zeit mit den von ihr über alles geliebten Kleinen auf der anderen.
* Mittlerweile genießt sie ihre neue wiedererlangte Freiheit, denn beide Kinder zogen bereits vor einigen Jahren aus.

Heikes Tipp an werdende Mütter

„Vergesst nicht ganz auf euch! Es muss auch ein klares Nein geben."

Heikes Worte an ihre Kinder

„Genießt eure Kinder, so wie ich euch genossen habe."

Alle ausführlichen Interviews der Reihe „WORKING MUM" finden Sie auf YouTube und allen gängigen Podcast-Kanälen.

… über den Kindersprachschatz zu schmunzeln.

Über wenig kann ich so herzlich lachen wie über die Aussagen meiner Kinder. Es ist nahezu unglaublich, welche Meldungen über die Jahre zusammengekommen sind. Ich habe mir angewöhnt, die besten Kommentare auf der letzten Seite meines Kalenders aufzuschreiben.
An dieser Stelle sei erwähnt, dass ich noch einen Papierkalender besitze. So einen echten, mit Einband und Lesezeichen. Erstaunlich, oder?
Leider sind mir trotzdem einige sehr lustige Aussprüche durch die Lappen gegangen, weil ich dachte, ich würde sie mir merken. Doch dem war nicht so. Deshalb empfehle ich, immer gleich alles zu notieren. Je älter die Kinder werden, desto seltener ist der Kindermund pur und unverblümt. Vielleicht sprechen sie noch ungefiltert, nur finden wir es dann nicht mehr süß, sondern meistens frech …

Kapitel 1

Lukas

Lukas, 3 Jahre alt, in einem Restaurant beim Essen:

Lukas:	„Papa, wie groß bin ich?“
Papa:	„91 cm“
Ich:	„Aber du wächst noch.“
Lukas:	„Papa, ich wichse!“

Lukas, 4 Jahre alt, nach dem Kindergarten im Auto:

Lukas: „Mama, fahr nicht so schnell. Ich kann gar nix beobachten. In der Wüste kannst du schnell fahren, da ist nix."

Lukas, 5 Jahre alt, ich zeige ihm die Weltkarte und den Äquator:

Ich: „Das ist Europa und dieser Strich ist …"

Lukas: „Warm!"

Lukas, 5 Jahre alt, telefoniert mit seinem Vater:

Papa: „Wo bist du?"

Lukas: „Im Auto. Wir fahren zum Steuerberater."

Papa: „Was machst du dort?"

Lukas: „Ich nix, die Mama muss Steuern zahlen."

Lukas, 6 Jahre alt, am Esstisch

Ich: „Lukas, bitte iss etwas, du musst noch wachsen."

Lukas: „Du aber auch. Du bist doch auch noch nicht ausgewachsen. Du siehst aus wie eine 15-Jährige."

Lukas, 7 Jahre alt, im Gespräch mit seinem Opa:

Papou: „Du bist schon so alt, du kommst schon in die 2. Volksschule."

Lukas: „Du bist schon so alt, du kommst schon in deine 2. Pension."

Lukas, 12 Jahre alt, zieht sich ein T-Shirt an:

Ich: „Lukas zieh dir ein Hemd an. Ostern ist heiliger als Weihnachten."

Lukas: „Für mich aber nicht. Ohne Weihnachten gäbe es gar kein Ostern."

Lukas, 13 Jahre alt, beobachtet mich:

Lukas: „Warum habt ihr Frauen immer so viel in euren Handtaschen? Bereitet ihr euch für die Apokalypse vor?"

Georg: „Mit fünf Lippenstiften? Was macht sie denn beim Weltuntergang damit?"

Lukas: „Einen schönen Abgang."

Lukas, 2 Jahre alt, auf dem Weg zur Parkgarage:

Ich: „Lukas, kannst du bitte den Aufzug rufen?"
Lukas: „Aufzug? Bist du da?"

... meine Woche zu planen.

Kalender – geliebt, gehasst, gebraucht.

Das wären meine 3Gs, die mir auf Anhieb dazu einfallen. Jeder, der mich kennt, weiß, dass ich niemals ohne meinen farbenfrohen Papierkalender auftauche. Die neuzeitlichen Errungenschaften, die es einem ermöglichen, vernetzte Stundenpläne und gemeinsame Terminplaner zu haben, sind zwar praktisch, aber furchtbar unübersichtlich. Für mich jedenfalls.

Ich schaffe es einfach nicht, Termine so im Überblick zu haben wie in meinem altmodischen Moleskine-Wälzer. Ich benutze ihn fast wie ein kleines Tagebuch. In ihm sind nicht nur die Tennis- und Fußballstunden meiner Kinder oder meine Presse- und Auftrittstermine vermerkt, nein, ich schreibe mir auch immer auf, wer, wann, wo auf die Buben aufpasst, wie lange mein Mann arbeitet oder wessen Geburts-, Namens- oder Hochzeitstag ansteht.

Zwischenzeitlich habe ich bei meiner umfangreichen griechischen Verwandtschaft sogar ernsthaft in Erwägung gezogen, mir einen eigenen Namenstags-Kalender zuzulegen. In Griechenland gibt es nichts, was wichtiger ist als der Namenstag! Lamm vielleicht, aber sonst gibt es nichts! Mich hat dann aber doch der eine Kalender schon überfordert, deshalb ist es auch dabei geblieben. Anfangs habe ich versucht, alles schön farblich zu trennen. Lukas war grün, Oskar rot, für mich war die

Farbe Lila besetzt und mein Mann – und das fällt mir erst jetzt auf – hat einfach immer irgendeine Kugelschreiberfarbe abbekommen. Im Alltag und im Laufe des Jahres ist dieser Farbcode jedoch regelmäßig verschwunden. Manchmal muss es einfach schnell gehen. Oft bin ich froh, einen Stift bei der Hand zu haben, damit ich etwas eintragen kann. Termine drängen sich, dann wird wieder hier und dort etwas abgesagt, verschoben, ein Kind ist krank oder der Babysitter fällt aus. Aus dem Traum, einen wunderschönen, übersichtlichen Kalender zu führen, wird spätestens ab dem 9. Januar ein kaum zu entziffernder Albtraum aus Pfeilen, Strichen und Tipp-Ex-Flecken.

Aber ich denke mir dann immer: So ist das Leben. Unvorhersehbar, unübersichtlich und unglaublich spannend. Genauso wie mein Papierkalender.

KALENDER

Hätte mein Tag doch 48 Stunden.

APRIL/APRIL
104-110
SA 6.29 MA 19.34
SU 20.17 MU 6.00
14 MONTAG MONDAY LUNDI LUNEDÌ
15 DIENSTAG TUESDAY MARDI MARTEDÌ
16 MITTWOCH WEDNESDAY MERCREDI MERCOLEDÌ
6 Aufstehen
ACHTUNG Rucksack für Ausflug!!!
30 Opa holt Schneemann
Büro
45 Werkstatt anrufen!
(Leihwagen checken!)
schnell nach Hause
ESSEN FÜR KINDER
Tom bleibt beim Nachbarn
30 Büro
Babysitter f. Do suchen
Sarah von Freundin abholen
Babysitter für Do suchen!!
Putzerei
Silberne Hose für Tanzaufführung kaufen
Essen einkaufen und am Markt vorbeifahren
Brille holen
Friseurtermin absagen
Installateur anrufen
Orthopädischen Einlagen abholen
Zahnspangenkontrolle für Tom!
BABYSITTER FÜR DO SUCHEN!!
TOM @ FUßBALL-TRAINING + ABHOLEN
Friseur Termin
18.4.
ESSENSGELD FÜR HORT EINZAHLEN
2016

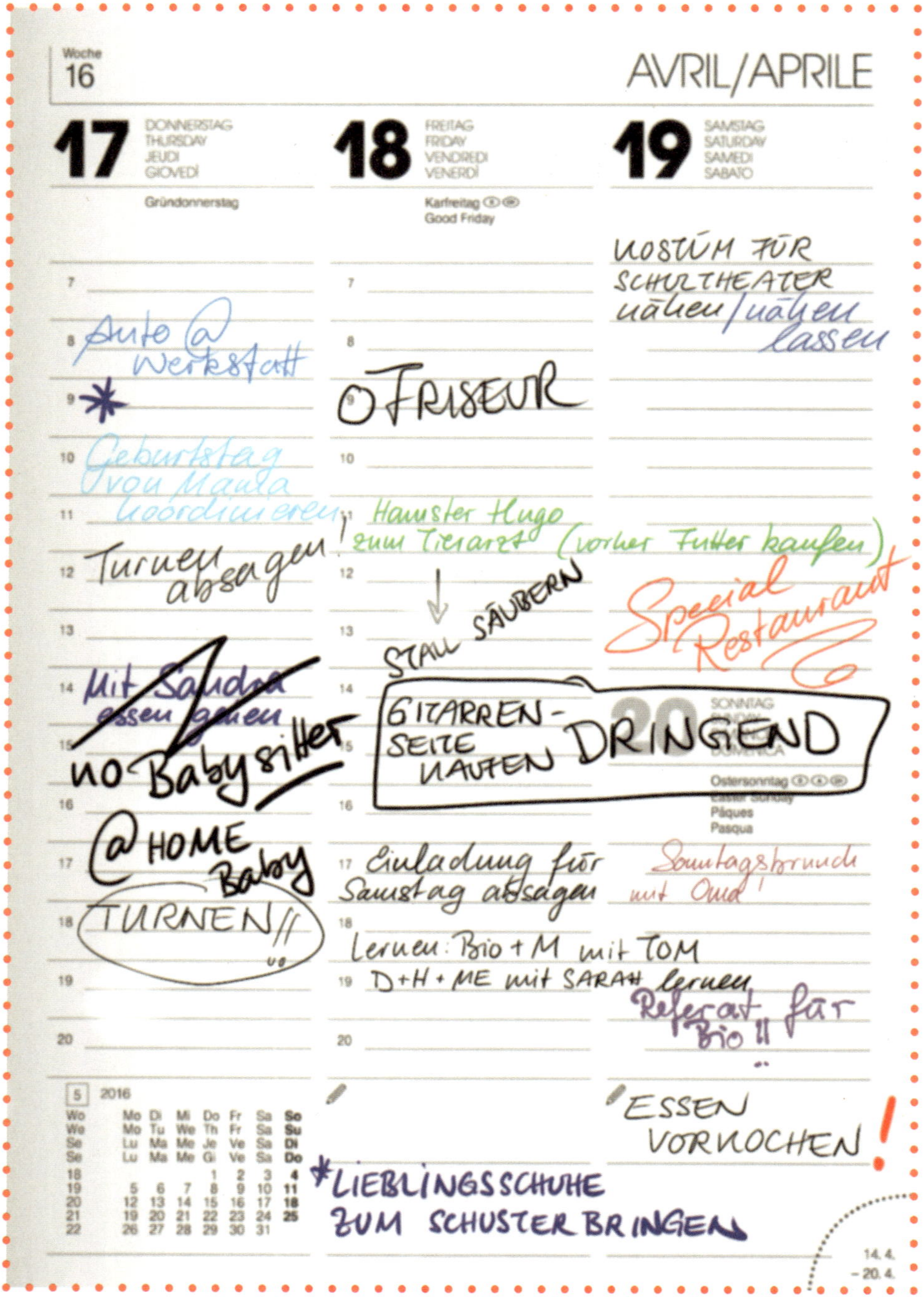

Woche 16

AVRIL/APRILE

17 DONNERSTAG THURSDAY JEUDI GIOVEDÌ
Gründonnerstag

8 Auto @ Werkstatt
9 *
10 Geburtstag von Maura koordinieren
12 Turnen absagen!
14 ~~Mit Sandra essen gehen~~
15 no Babysitter
17 @HOME Baby
18 TURNEN!!

18 FREITAG FRIDAY VENDREDI VENERDÌ
Karfreitag
Good Friday

9 FRISEUR
11 Hamster Hugo zum Tierarzt (vorher Futter kaufen)
STALL SÄUBERN
GITARREN-SEITE KAUFEN DRINGEND
17 Einladung für Samstag absagen
18 Lernen: Bio + M mit TOM
19 D+H+ME mit SARAH lernen

19 SAMSTAG SATURDAY SAMEDI SABATO

KOSTÜM FÜR SCHULTHEATER nähen/nähen lassen
Special Restaurant
Referat für Bio!!

20 SONNTAG
Ostersonntag
Easter Sunday
Pâques
Pasqua

Sonntagsbrunch mit Oma!

ESSEN VORKOCHEN!

*LIEBLINGSSCHUHE ZUM SCHUSTER BRINGEN

5 2016

Wo	Mo	Di	Mi	Do	Fr	Sa	So
18				1	2	3	4
19	5	6	7	8	9	10	11
20	12	13	14	15	16	17	18
21	19	20	21	22	23	24	25
22	26	27	28	29	30	31	

14.4. – 20.4.

… Beziehungsgespräche zu führen.

Der folgende Dialog zwischen Eltern kann, muss aber nicht nachgespielt werden. Alle kursiven Texte werden nicht gesprochen, sondern gespielt. Dabei ist zu beachten, dass auch die Stille einzuhalten ist!
(Bitte bedenken Sie, dass das Wort „Stille“ gleichzusetzen ist mit dem Wort „Schweigen“, es hat nichts mit dem Wort „stillen“ zu tun.)
Die Annahme, dass es sich um eine Tochter handelt, ist frei erfunden und kann auch durch einen Sohn ersetzt werden. Das Paar kann ebenso mehrere Kinder haben, verschiedenen Geschlechts, da sind keine Grenzen gesetzt. Die Mindestanforderung für die Authentizität des Dialoges ist jedoch mindestens ein kindliches Exemplar im gemeinsamen Haushalt. Das Wort „Aktion“ kann beliebig, je nach sexueller Fantasie, ausgelebt werden, deshalb gibt es dafür keine konkreten Regieanweisungen. Zur Absicherung wollen wir Sie noch auf Folgendes hinweisen:
Zu Risiken und Nebenwirkungen fragen Sie Ihren Arzt oder Apotheker.
Und wenn diese nicht erreichbar sind… Dr. Google ist immer für Sie da.
Wir wünschen Ihnen viel Spaß!
Und denken Sie immer daran: Sie sind nicht allein!

Kapitel 2

Termin

Ausgangssituation:

Eine Frau, ein Mann. / Eine Frau, eine Frau. / Ein Mann, ein Mann.

Das Kind schläft. Die Eltern sind allein. Endlich. Zeit zu zweit.

Das Ziel: Sex!!!

Der Mann kommt dynamisch aus dem Kinderzimmer. Die Frau erwartet ihn sehnsüchtig.

Mann: Sophie schläft!

Frau: Endlich!

Mann: Endlich.

Beide fallen leidenschaftlich übereinander her, beide sind in „Aktion“. Plötzlich schreckt die Frau hoch.

Frau: ***besorgt*** Hörst du das?

Mann: ***hört; nach einer längeren Pause*** Nein.

Beide wieder in „Aktion“. Plötzlich schreckt die Frau hoch.

Frau: ***besorgt*** Da war doch was!

Mann: ***hört; nach einer Pause*** Ich höre nichts.

Beide wieder in „Aktion“. Plötzlich schreckt die Frau hoch.

Frau: ***plötzlich*** Hörst du es jetzt?

Mann: ***hört; nach keiner Pause*** Nein!

Beide wieder in „Aktion". Plötzlich schreckt die Frau hoch.

Frau: ***besorgt*** Sophie?

Mann: Schläft.

Frau: Bist du sicher, dass sie schläft?

Mann: Sicher bin ich sicher.

Frau: Wie sicher bist du sicher?

Mann: Vollkommen sicher. Ich habe ihr Globuli gegeben.

Frau:: ***kurz in Sorge*** Du hast sie betäubt???

Mann: Du schwörst doch auf Globuli?

Frau: Stimmt. Lass uns weitermachen!

Beide wieder in „Aktion". Plötzlich schreckt die Frau hoch.

Frau: War das ein „Mama"?

Mann: Nein. Um diese Uhrzeit ruft sie „Papa".

Frau: Stimmt.

Beide wieder in „Aktion".

Frau: ***besorgt*** Ich höre nichts! Hörst du etwas?

Mann: Nein.

Frau: Die Masern gehen um!

Der Mann starrt sie an.

Mann: Du hast die Masern?

Frau: Was, wenn sie krank wird?

Mann: Wer?

Frau: Sophie!

Mann: ***besorgt*** Sophie ist krank???

Frau: Nein.

Mann: Na dann!

Beide wieder in „Aktion", die jetzt nebenbei weiterläuft.

Frau: *besorgt* Wenn sie jetzt krank wird, das wäre schrecklich. Ich habe so viel zu arbeiten.

Mann: Ich bin nächste Woche beruflich im Ausland.

Frau: *verträumt* Ein spontanes Wochenende im Ausland, nur du und ich ...

Mann: Dieses Wochenende könntest du deinen Spinatstrudel machen.

Frau: Den mag doch keiner. Außer deiner Mutter.

Mann: Eben.

„Aktions"-Stopp. Stille. Die Frau starrt den Mann an.

Frau: Deine Mutter kommt zu Besuch?

Mann: Habe ich dir doch gesagt.

Frau: Nein – hast du nicht.

Mann: Doch.

Frau: Nein!

Mann: Dann hast du mir nicht zugehört.

Frau: Ich höre dir immer zu.

Mann: Dann weißt du ja, dass meine Mutter dieses Mal drei Tage bleibt.

Frau: Drei Tage?!?

Mann: Können wir jetzt bitte weitermachen?

Der Mann küsst den Hals der Frau und hört nicht richtig zu.

Frau: *etwas lustlos* Wie soll ich jetzt bitte weitermachen? Unser krankes Kind ...

Mann: Unser Kind ist nicht krank.

Frau: ... deine Mutter, der Strudel ...

Mann: *schreckt hoch* Meine Nudel?

Frau: Du willst Nudeln?

Mann: Nein.

Frau: Du hast jetzt Hunger?

Mann: Ich kann immer essen.

Frau: Also, bitte. Können wir jetzt weitermachen?

Mann: Würde ich ja gerne! Aber auf Knopfdruck einfach so …

Frau: Das war doch noch nie ein Problem.

Mann: Eh nicht. Ich kann immer …

Frau: … essen, das sagtest du bereits.

Mann: Nein, ich mein, ja, ich mein, ich kann immer … du weißt schon.

Frau: Na dann: Entzünde das Feuer!

Mann: Ist dir kalt? Wir haben Juni?

Frau: Ich spreche von uns! Das Feuer zwischen dir und mir.

Mann: Ach so! Gott sei Dank. Den Kamin jetzt einzuheizen, wäre echt mühsam.

Frau: ***entschlossen*** Liebling, durchströme mich! Jetzt! Meine Seele und meinen Körper!

Mann: Durchströmen? Äh? Ja, klar, ich kann immer … durchströmen … strömen ... Strom? Hast du die letzte Stromrechnung bezahlt?

Frau: Du denkst jetzt an die Stromrechnung?

Mann: Sophie wird weinen, wenn sie uns die Heizung abdrehen. Ihr wird kalt sein … und mir auch!

Frau: Ist dir kalt? Wir haben Juni?

Mann: Ich denke zukunftsorientiert.

Frau: Ich auch. Das Kind schläft. Nützen wir die Zeit und haben Sex!

Mann: Guter Plan.

Beide wieder in „Aktion“.

Frau: Liebling.

Mann: Hm?

Frau: Du schnaufst.

Mann: Aha …

Frau: Du schnaufst beim Sex!

Mann: Ich schnaufe nicht, ich atme.

Frau: Du atmest nicht, du schnaufst.

Der Mann blickt irritiert hoch.

Mann: Hat dich aber noch nie gestört.

Frau: Geht das auch leiser?

Mann: Das Atmen?

Frau: Das Schnaufen.

Mann: Der Mensch muss atmen.

Frau: Ja. Aber der Mensch muss nicht schnaufen.

Mann: Das ist atmen.

Frau: Dann atme bitte innerlich.

Mann: Innerlich? Willst du, dass ich sterbe?

Frau: Beim Orgasmus spricht man vom kleinen Tod.

Mann: Na dann will ich jetzt mal kurz sterben, bevor deine Tochter aufwacht.

Frau: Jetzt ist sie auf einmal meine Tochter?

Mann: Meine, deine, unsere, egal.

Frau: Findest du mich noch schön?

Mann: Wunderschön.

Frau: Wie du das sagst, gefällt mir nicht.

Mann: Gefällt dir – ***er denkt angestrengt nach*** – toll?

Frau: Toll? Toll ist ein Auto.

Mann: Du bist ein tolles Auto.

Frau: ***resignierend*** Okay. Bleiben wir bei wunderschön.

Mann: Du bist wunderschön.

Sie küssen sich.

Mann: Nur anders.

Die Frau blickt hoch.

Frau: Wie anders?

Mann: Anders.

Frau: Anders anders?

Mann: Na, anders eben. Wir alle verändern uns.

Frau: Stimmt. Du hast dich auch verändert.

Mann: ***irritiert*** Wie meinst du das?

Frau: Was die Zeit dem Menschen an Haar entzieht, ersetzt sie ihm an Witz.

Mann: ***ironisch*** Haha. ***selbstbewusst*** Ich bin in der Blüte meines Lebens!

Frau: Na dann bring dein Leben in meine Blüte!

Mann: Wir sollten das Thema wechseln.

Frau: Du willst reden? Gut.

Mann: Was? Reden? Worüber? Jetzt, wo das Kind endlich schläft, willst du reden?

Frau: Du hast doch gesagt, wir sollen das Thema wechseln.

Mann: Das ist mir jetzt zu komplex.

Frau: Ich bin komplex.

Mann: Und ich kriege gleich einen Komplex! Aber bitte, lass uns reden!

Zwei Minuten Stille.

Lesen Sie bitte erst in zwei Minuten weiter!

Mann: Können wir jetzt bitte Sex haben? Ich liebe dich, du liebst mich, Sophie schläft – wo ist das Problem?

Frau: Ich habe kein Problem! Ich will nur Sex, bevor das Kind aufwacht.

Beide wieder in „Aktion“.

Das Kind wacht auf und schreit.

Nun haben Sie die Wahl!

A	B	C
Sie entscheiden sich für einen Quickie. Ihr Kind schreit und Sie schreien mit.	Sie laufen beide ins Kinderzimmer, singen Lalelu und hoffen, dass Ihr Kind rasch einschläft – Ihr*e Partner*in aber nicht	Sie stellen den Wecker statt auf 6.30 Uhr auf 6.20 Uhr für einen Sextermin zu zweit.

Je nach Wahl, sind Sie folgender Typ:

Typ A

Sie sind der „Man-lebt-nur-einmal"-Typ.
Gut so! Behalten Sie sich diese Spontanität! Sparen Sie aber auch mal Kräfte und bedenken Sie, dass man nicht immer und überall dabei sein muss.

Typ B

Sie sind der „Multitasking"-Typ.
Kind/er und Partner*in schaffen Sie locker unter einen Hut zu bringen. Doch denken Sie hin und wieder an sich, bleiben Sie auch einmal auf der Couch sitzen und schicken Ihre zweite Hälfte ins Kinderzimmer.

Typ C

Sie sind der „Auf-Nummer-sicher"-Typ. Vollkommen in Ordnung. Doch vor lauter Pflichtbewusstsein nicht vergessen: Ein bisschen Spaß muss sein!
Deshalb: Sicher den Wecker stellen!

... einen Brief an meinen Sohn Lukas zu schreiben.

Wie oft redet man auf sein Kind ein und fragt sich, ob überhaupt irgendetwas von der gesendeten Botschaft ankommt. Man füttert das Kind nicht nur mit Brokkoli und Kartoffelpüree, sondern ebenso mit Ratschlägen, Lebensweisheiten und Anekdoten über die eigene Kindheit. Aber was, wenn man nicht mehr da ist?
Ich habe meine Mutter bereits verloren und würde einiges dafür geben, nochmal mit ihr reden oder sie um Rat fragen zu können. Was, wenn ich nicht mehr da bin? Ich möchte meinem Sohn Lukas ein paar Worte zukommen lassen, die ihm in seinem weiteren Leben Kraft geben, wenn er vielleicht einmal nicht mehr weiterweiß.

Lieber Lukas!

Wie soll ich einen Brief beginnen, der einzig und allein zum Inhalt haben soll, wie stolz ich auf Dich bin und wie lieb ich Dich habe?
Eigentlich wäre alles schnell gesagt. Aber Du bist so ein besonderer Bub, dass es Dir nicht gerecht werden würde, nur kurz ein paar Zeilen zu schreiben. Deshalb werde ich hier etwas ausholen.
Als ich Deinen Vater kennenlernte, wusste ich, er könnte zum „Problem“ für mich werden, im positiven Sinne. Denn ich hatte mich voll und ganz in ihn verliebt. Ich war das Glühwürmchen im Stück „Malanda – Das Feenland der Träume“ und er der Produktionsleiter. Ich muss sagen, es war eine der schönsten Sommerproduktionen meines Lebens. Danach war für mich klar, ich möchte mehr Zeit mit Stefan verbringen, aber das beruhte nicht ganz auf Gegenseitigkeit. Wie sagt man heutzutage so schön? Es war kompliziert.
Noch komplizierter machte es der Umstand, dass ich irgendwann in anderen Umständen war. Ich wurde schwanger. Dein Vater war, was das angeht, sehr loyal und wir beschlossen, das Kind zu bekommen und es gemeinsam zu probieren. Leider verlor ich es.
Ich war sehr traurig und ich erinnere mich, wie Stefan und ich auf unserer vermeintlich letzten gemeinsamen Urlaubsreise in Griechenland Abschied von dem Ungeborenen genommen haben.
Nach unserer Rückkehr beendeten wir unsere Beziehung. Auch ich hatte es akzeptiert und empfand es als heilsamen Schlussstrich unter der ganzen Geschichte.
Wie das Leben so spielt, begegneten wir uns nach Wochen wieder, liebten uns einmal und danach trennten sich erneut unsere Wege.
Volltreffer, könnte man sagen. Ich war wieder schwanger. Dieses Mal mit Dir! Du warst ein absolutes Wunschkind von mir. Zu diesem Zeitpunkt war ich so beschäftigt, aber ich wusste, Du musstest einfach sein.
Die Schwangerschaft mit Dir war ein Traum. Ich hatte keine Beschwerden, mir war nie schlecht, ich fühlte mich wunderschön und war glücklich. Gegen Ende musste ich mir zwar Insulin spritzen, weil eine Schwangerschaftsdiabetes auf-

trat, aber das machte mir nichts aus. Mannerschnitten und Leberkässemmel konnten warten, aber ich nicht mehr. Einiges habe ich versucht, damit Du endlich kommst und die Wehen einsetzen. Ich denke, das Bitter Lemon von der Tankstelle war dann schließlich ausschlaggebend, dass Du Dich auf den Weg gemacht hast.

Es war ein Montag. Es war in der heißesten Woche des Jahres, als ich um sechs Uhr früh spürte, dass es losging. Viele, viele Stunden, genau genommen 16, mussten vergehen und so einfach die Schwangerschaft war, so kompliziert verlief die Geburt. Schließlich mussten wir Dich per Not-Kaiserschnitt holen. Da warst Du plötzlich. So klein, so zerbrechlich und so ruhig. „Das ändert sich", meinten alle, aber ich warte bis heute darauf.

Du bist besonnen und aufmerksam. Manchmal hatte ich, sogar als Du ein Säugling warst, das Gefühl, Du willst niemandem zur Last fallen. Geschrien hast Du nie, höchstens gejammert. Du warst geduldig, mehr noch als jetzt, und unglaublich brav. Niemand konnte glauben, wie brav Du warst. Alle haben mich um Dich, um mein Baby, beneidet.

Man sagt ja prinzipiell immer nur das Beste über sein Kind, aber Du warst und bist tatsächlich immer noch eine große Ausnahme.

Du hast Dich immer geduldig um Deine Mitschüler in der Volksschule gekümmert, obwohl Du ihnen oft voraus warst. Du kümmerst Dich um Deine Omama und Deinen Bruder, bist hilfsbereit, ohne Gegenleistung zu verlangen. Deine Intelligenz ist oft atemberaubend und beängstigend zugleich, trotzdem prahlst Du nie.

Was ich Dir damit sagen will ist: Behalte Dir das bei! Bleib so liebevoll und sensibel, wie Du bist! Lass Dich nicht von anderen kaputtmachen. Neider wird es immer geben. Lass sie reden oder versuche, sie mit Deiner spitzen Zunge und Deinem trockenen Humor verbal zu entwaffnen. Gib Dich dabei selbst nie auf und lerne, es auch sein zu lassen. Manchmal hat es keinen Sinn, Energie in andere Menschen zu stecken, wenn sie diese nicht zu schätzen wissen. Oft macht es Dich fertig oder es lässt Dich verzweifeln, wenn andere nicht einsehen, dass sie sich schaden oder in eine bedenkliche Richtung abdriften. Du musst lernen, Dinge rechtzeitig loszulassen, sonst reißen sie Dich irgendwann

mit in den Abgrund. Dein offenes Herz wird bestimmt auch Leid erfahren. Versuche, daran zu wachsen, nicht zu scheitern.
Es gibt so viel Liebe auf der Welt. Lass Dir Zeit, die Liebe Deines Lebens zu finden. Den perfekten Menschen wird es nicht geben, aber vielleicht ist da jemand, der für Dich perfekt genug ist. Dann: Liebe! Liebe mit jeder Faser Deines Körpers und Deiner Seele. Liebe aber nicht nur Deinen Partner oder Deine Partnerin, und ich schreibe das bewusst so, denn wo die Liebe hinfällt, das kann man nie wissen, sondern liebe auch Dich selbst! Jemand anderen zu lieben, heißt nicht, sich selbst komplett aufzugeben. Das habe ich auch nie getan.
Ich musste mir viel anhören. Oft habe ich geweint und musste gegen Windmühlen kämpfen. Es hat mich viel Anstrengung gekostet, nicht emotional zugrunde zu gehen. Aber innerlich war ich immer der festen Überzeugung: Geht's der Mama gut, geht's dem Kind gut.
Deshalb: Schau auf Dich und gönne Dir und Deiner Liebe auch Zeit zu zweit. Sonst verliert ihr euch. So wie Dein Papa und ich uns verloren haben.
Ich habe den Fehler einmal gemacht. Mit Getsch aber habe ich mir geschworen, nicht mehr.
Große Zweifel plagten mich am Beginn dieser Beziehung. Würde er Dich auch lieben können? Würdet ihr euch verstehen?
Jetzt weiß ich, sollte es mich nicht mehr geben, wäre er bedingungslos für Dich da. Als Bonus-Papa, als Berater, als Schulter zum Anlehnen. Du bist auch so eine Schulter. Ich lehne mich gerne an Dich an und ich beglückwünsche bereits jetzt die Frau oder den Mann, die oder der Deine volle Liebe erhalten wird.
Ich hoffe, Du findest ebenso Erfüllung in Deiner Arbeit. Das ist eines der wenigen Dinge, wo ich hoffe, Dir ein Vorbild gewesen zu sein. Ich durfte mein Hobby zum Beruf machen und für Dich wünsche ich mir dasselbe.
Wichtig wird es sein, eine Balance zwischen Sicherheit und Kreativität zu finden. Du sprühst vor Ideen, Du hast einen ausgeprägten Sinn für Ästhetik und obendrein hast Du die Geduld, die Dinge auf Papier zu bringen, um sie dann umzusetzen. Behalte Dir das unbedingt bei!
Worum ich Dich aber eindringlich bitte: Rede! Kommunikation ist der

Schlüssel zur Welt. Sie bringt Menschen zueinander und sie hilft. Nichts ist schlimmer als das Schweigen. Missverständnisse können nur dann entstehen, wenn man nicht miteinander redet. Es gibt kein Thema, über das man nicht reden kann. Kein einziges! Wenn ich mir eines wünschen darf, dann das: Lerne, Deine Gefühle zu verbalisieren, und schlucke nichts hinunter. Davon wird man krank und unglücklich. Und Dir wünsche ich nichts sehnlicher als ein langes, gesundes, zufriedenes, aber vor allem glückliches Leben.
Schau auf Dich und Deinen kleinen Bruder. Wenn ich nicht mehr bin, dann erinnere Dich an die schönen Zeiten und denk daran, dass das Leben zu kurz ist, um zu lange zu trauern. Freue Dich, dass es mich gegeben hat, und weine nicht allzu viele Tränen. Meine Liebe, die bleibt. Für immer. Und über meinen Tod hinaus.
Ich liebe Dich, mein großer Schatz!
Deine Mama

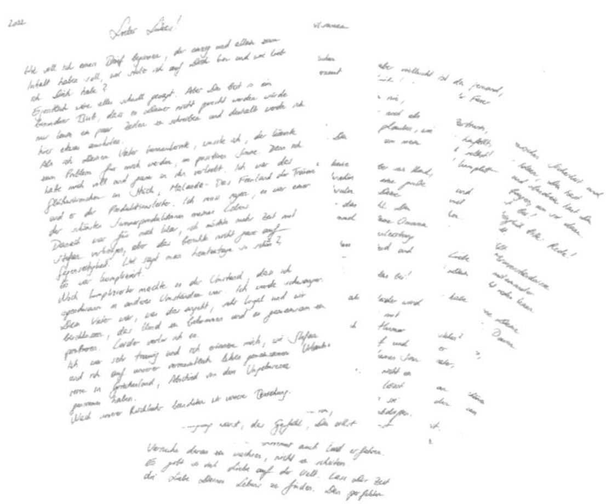

… ein Lied zu singen.

Jeder hat sie, keiner will sie … die Morgenroutine.
Wer kennt das nicht? Die Ferien sind vorbei. Das „Aufstehen-wann-man-will“ und das „In-den-Tag-hinein-leben“ verwandelt sich zu „Oh-mein-Gott-hab-ich-verschlafen“ und „Ich-komm-zu-spät-zur-Arbeit“. Wie kann man sich helfen? Wie sich motivieren? Indem man sich immer vor Augen hält: Man ist nicht allein! Tausende Mütter und Väter treten Tag für Tag aufs Neue den Wettlauf gegen die Zeit an. Deshalb ist es wichtig, seine Routinen regelmäßig zu brechen!

*) Stellen Sie den Wecker doch einmal zehn Minuten früher und nehmen Sie sich diese Minuten, um ganz allein den ersten Kaffee zu genießen.

*) Machen Sie sich einen Schichtbetrieb mit dem Partner aus: Der eine übernimmt die Kinder. Das Aufwecken, das Anziehen und das Frühstück. Der andere ist nur der Fahrtendienst oder das Begleitservice und hat so vorher Zeit, sich in Ruhe für den Tag herzurichten.

*) Apropos herrichten. Richten Sie doch einmal alles für den nächsten Tag her. Und mit alles ist tatsächlich alles gemeint! Das Wasser in den Wasserkocher, den Teebeutel in die Tassen, Tisch decken, Kleidung herrichten, Jause vorbereiten, Schul- und Handtasche packen, Autoschlüssel zu den Schuhen legen usw. Dann kann man den Wecker auch schon einmal 15 Minuten später stellen!

Was auch hilft, ist Musik. Singen, summen, pfeifen oder krächzen Sie sich in eine gute Stimmung. Lassen Sie das Radio einmal ausgeschaltet und legen Sie eine gute CD ein (wenn Sie, so wie wir, so ein altertümliches Abspielgerät noch besitzen) oder aktivieren Sie auf Spotify und Konsorten Ihre Lieblingsplaylist. Falls das alles nicht hilft, singen Sie das nächste Lied. Allein oder mit der ganzen Familie …

Lied

Tagesablauf mit Kindern und Arbeit

(Vogelhochzeit)

Der Wecker läutet viel zu früh, will noch im Bett versi-inken.
Doch das geht jetzt nicht, doch das geht jetzt nicht, nein, das geht jetzt einfach nicht.

Es duftet der Kaffee, ich setze an und will ihn tri-inken.
Doch das Kind wacht auf, doch das Kind wacht auf, deshalb muss ich ganz schnell rauf.

Er hat den Bruder aufgeweckt, der grantig sich im Bett versteckt.
Nun ist der schlecht drauf, nun ist der schlecht drauf und sagt: Heut' steh ich nicht auf.

Nach ganz viel Überredungskraft hat er es schließlich doch geschafft.
Beide zieh'n sich an, beide zieh'n sich an, wobei einer es nicht kann.

Der Große hilft dem Klei-inen, doch muss der trotzdem wei-inen,
weil er will das nicht, nein, er will das nicht, haut dem Bruder ins Gesicht.

Worauf er traurig und verletzt, dem Kleinen einen Stoß versetzt.
Und ich geb' mir Müh, dass in aller Früh, ich mich nicht vor Wut verbrüh'.

Am Frühstückstisch aufs E-essen sie gerne mal verge-essen.
Singen trallala, fidirallala doch der Toast, der steht noch da.

Ich schmiere schnell die Ja-ause für die große Schulpa-ause.
Hoff', dass es ihm schmeckt, dass es ihn nicht reckt, sonst schmeiß ich es wieder weg.

Am Sofa eine Polsterschlacht, die Mama äußerst glücklich macht.
„Sagt mal, ist euch fad?", ich genervt sie frag', wart ihr beide schon im Bad?

Sie jede Ausred' nu-utzen, um nicht Zähne zu pu-utzen,
Doch das kann nicht sein, drum bin ich gemein, stecke die Zahnbürste hinein.

Mein frisches G'wand ist durchgeschwitzt, das ganze Bad ist nassgespritzt.
Bei der Sauerei, fragt man nebenbei: War'n das wirklich nur die zwei?

Die Putzfrau, die kommt übermorgen, die wird dann für Ordnung sorgen.
Darauf freu ich mich, darauf freu ich mich und ich lächle innerlich.

Das Lachen mir ganz schnell vergeht, der Fernseher, der ist aufgedreht.
Jetzt zuck' ich gleich aus, dreh die Kiste aus, schmeiß' die beiden fast hinaus.

Die Jacken und die Schuhe an, damit ich endlich gehen kann.
Und die Zeit, sie rinnt, immer so geschwind, dass zu spät wir wieder sind

Beim Rausgeh'n ich ganz plötzlich seh', da steht noch immer mein Kaffee.
Dann trink ich ihn halt, dann trink ich ihn halt, abgestanden und eiskalt.

Inzwischen kommt der Ehemann und fragt, ob er mir helfen kann.
Fidirallala, fidiralala, ein Tag wie jeder, das war klar.

... über den Kindersprachschatz zu schmunzeln.

Ich konnte noch so genervt, noch so gestresst, noch so k.o. sein, wenn Clara-Marie so manche „Meldungen schob“, konnte ich nicht anders, ich musste lauthals lachen und schon war ich besser gelaunt. Selbst heute noch, wenn die Jugendsprache aus Clara-Maries Mund heraussprudelt, muss ich schmunzeln und darüber nachdenken, was sie da überhaupt gerade gesagt hat.
Ja, das liebe ich an Kindern. Sie reden darauf los, ohne darüber nachzudenken, was man wann wie sagen sollte, müsste oder darf. Diese ungefilterte, echte Emotion verlieren wir Erwachsenen über die Jahre.
Wir sollten nie aufhören, auf unsere Kinder zu hören, ihnen zuzuhören und ihnen Raum zu geben, ihre eigene Sprache zu entwickeln. Auch wenn es uns manchmal in den Wahnsinn treibt, bereitet es im Endeffekt auch viel Spaß!

Kapitel 2

Clara-Marie

Clara-Marie, 7 Jahre alt, nach der Aufforderung, den Müll wegzutragen:
„Das steht nicht in meinem Kopf geschrieben!“

Clara-Marie, 8 Jahre alt, nachdem sie eine tolle Zeit mit ihrem Vater verbracht hat:
„Mama, du hast dir deinen Mann sehr gut ausgesucht – er ist lustig und schaut im Anzug gut aus!“

Clara-Marie, 9 Jahre alt, nachdem ich ihr begeistert von meinem Beruf als Autorin erzählte:

„Ich habe eine ganz andere Lebensplanung und Geschichten zu schreiben, finde ich ohnehin blöd!

Clara-Marie, 9 Jahre alt, nach einem anstrengenden Tag:

„Ich bin so fertig mit der Welt!"

Clara-Marie, 11 Jahre alt, nachdem ich ein Mathe-Beispiel nicht verstanden habe:

„Manchmal denke ich mir schon … "

Clara-Marie, 7 Jahre alt, nach einem Streit:

„Jetzt packe ich meinen Koffer und verlassen diesen Planeten!"

... mit einem Popo auf drei Kirtagen zu sein.

Warum ist das so? Warum wird das Kind immer genau dann krank, wenn man einen wichtigen Termin in der Arbeit hat? Einen Termin, den man unmöglich verschieben kann, nicht verschieben sollte, keinesfalls verschieben darf oder gar nicht verschieben möchte? Und warum klopft sofort das schlechte Gewissen an die Tür?
Panik und Angst machen sich breit, man würde als arbeitende Mutter versagen. Man wünscht sich nichts sehnlicher, als alles unter einen Hut zu bringen. Man will schaffen, beides miteinander zu vereinen: Kind und Beruf. Was kann man tun?
Sich klonen lassen, um gleichzeitig dort und da sein zu können? Das scheidet schon mal aus. Oder soll man dem Chef oder der Chefin eine „kleine Notlüge" auftischen? Ein Wasserrohrbruch im Badezimmer? Ein Reifenplatzer beim Auto und weit und breit kein Taxi? Oder soll man die allseits beliebte Zahnarzt-Ausrede benutzen und sagen, dass man sich beim Biss in den Frühstücksapfel einen Zahn ausgebrochen hat? Das würde hoffentlich auf Verständnis stoßen, denn keiner will eine große Zahnlücke bei einem wichtigen Meeting betrachten.
Ich habe einst von so einer Notlüge Gebrauch gemacht. Denn alles wird einem leichter verziehen als die Tatsache, dass man als arbeitende Mutter sein Kind dem Beruf vorzieht.

Nein! Mama hat einen wichtigen Termin! Du musst in die Schule

Können Sie mein Kind vielleicht noch kurz wo zwischenlagern?

Ich bin eine schlechte Mutter!

Reiß dich zusammen! Bitte!

Mama ... ? Wo bist du????

MAMA! Hilf mir!!!
Das Protokoll meiner Präsentation erhalten Sie morgen! Ich muss jetzt mein Kind retten
Es wird gerade entführt und hat keinen Schirm bei sich!
Wer holt eigentlich mein Kind heute von der Schule ab?
Braucht sie Hilfe?
Ich kommmmmme !!!!
Es regnet?
Soll ich die Polizei rufen?
Um was geht's eigentlich?
Tja, Kind und Beruf – muss frau sich vorher überlegen!
Schon fertig? Passt, ich hab eh Hunger.

Cool, die Mama kauft mir ein neues Skateboard.
Gut gemacht, ich bin stolz auf mich!
Und morgen? Ist Samstag! Gott sei Dank.

Ende.

… nichts zu schaffen.

… sorry, dieses Kapitel ist sich einfach nicht mehr ausgegangen …

… Beziehungsgespräche zu führen.

Der folgende Dialog zwischen Eltern kann, muss aber nicht nachgespielt werden. Alle kursiven Texte werden nicht gesprochen, sondern gespielt. Die Annahme, dass es sich um eine Tochter handelt, ist frei erfunden und kann auch durch einen Sohn ersetzt werden. (Das Paar kann ebenso mehrere Kinder haben, verschiedenen Geschlechts, da sind keine Grenzen gesetzt. Die Mindestanforderung für die Authentizität des Dialoges ist jedoch mindestens ein kindliches Exemplar im gemeinsamen Haushalt.) Es ist zu beachten, dass das „gemeinsame und gleichzeitige Ausatmen" des Paares einzuhalten ist!
Auch wenn die Szene während einer Autofahrt spielt, besteht kein Zwang, dies auch zu tun! Im Gegenteil. Alternativ bieten sich ein Sofa, eine Gartenbank oder eine Hollywoodschaukel an. Oder Sie gönnen sich eine kleine Auszeit vom Alltag, setzen sich zu zweit in Ihr Auto und träumen von einer Fahrt in den gemeinsamen Urlaub. Das Urlaubsziel Italien kann ebenso jederzeit durch ein anderes Ihrer Wahl ersetzt werden. Zur Absicherung wollen wir Sie noch auf Folgendes hinweisen:
Zu Risiken und Nebenwirkungen fragen Sie Ihren Arzt oder Apotheker. Und wenn diese nicht erreichbar sind… Dr. Google ist immer für Sie da.
Wir wünschen Ihnen viel Spaß!
Und denken Sie immer daran: Sie sind nicht allein!

Kapitel 3

Urlaub

Ausgangssituation:
Eine Frau, ein Mann. / Eine Frau, eine Frau. / Ein Mann, ein Mann.
Der erste gemeinsame Urlaub ohne Kind steht vor der Tür.
Die Vorfreude ist groß. Das Ziel: Zeit zu zweit!
Frau und Mann sitzen im Auto. Sie sind am Weg Richtung Urlaub.
Beide sind voller Glück und Vorfreude.

Frau: Endlich Urlaub!
Mann: Zu zweit.
Frau: Nur wir beide.
Mann: Du und ich.
Frau: Allein.
Mann: Ohne Kind.
Frau: Ohne Kinderwagen.
Mann: Seit vier Jahren, zwei Monaten und drei Tagen!
Frau: Seit vier Jahren, zwei Monaten und vier Tagen!
Mann: Drei Tage!
Frau: Vier Tage!
Mann: Drei!
Frau: Vier!
Mann: Es ist bestimmt vier Jahre, zwei Monate und drei Tage her, dass wir ohne Kind Urlaub machen!

Frau: Drei Tage, vier Tage, egal! Wir sitzen im Auto und jetzt gibt es nur noch dich und mich.

Mann: Du hast recht.

Frau: Kein Alltagsstress.

Mann: Keine Termine.

Frau: Keine Anrufe vom Kindergarten.

Mann: Kein Geschrei.

Frau: Keine Gutenachtgeschichten.

Mann: Kein Lalelu.

Frau: Kein Kinderbuffet.

Mann: Nur ein romantisches Dinner für zwei Personen.

Frau: Bei Kerzenschein und Champagner.

Mann: Oder Bier.

Beide atmen gemeinsam und gleichzeitig aus.

BEIDE: ***glücklich*** Aaaaa ...

Frau: Ich werde dich küssen.

Mann: Du wirst mich küssen.

Frau: Wir werden Sex haben.

Mann: Gemeinsam!

Frau: Wann wir wollen.

Mann: Wo wir wollen.

Frau: Wie oft wir wollen.

Mann: Und wie wir es wollen!

Frau: Und wir werden ...

BEIDE: ... ausschlafen.

Beide atmen gemeinsam und gleichzeitig aus.

BEIDE: ***glücklich*** Aaaaa ...

Frau: Und wir haben endlich wieder Zeit, über alles zu reden.

Mann: Ja.

Frau: Willst du jetzt schon reden?

Mann: Nein.

Kurze Stille.

Frau: Du?
Mann: Ja?
Frau: Wir müssen aber kein schlechtes Gewissen haben, oder?
Mann: Weil wir jetzt nicht reden?
Frau: Nein. Weil wir sie zu Hause gelassen haben.
Mann: Wen?
Frau: Unsere Tochter!
Mann: Nein! Wir brauchen auch einmal Zeit für uns.
Frau: Stimmt.
Mann: Außerdem passt meine Mutter auf Sophie auf.
Frau: ***leicht besorgt*** Eben.
Mann: Meine Mutter schafft das. Sie hat schließlich auch mich großgezogen.
Frau: ***leicht besorgt*** Eben.

Der Frau kommt ein Lächeln aus.

Mann: Wieso lächelst du?
Frau: Äh …Vorfreude auf den Urlaub!
Mann: Ah.
Frau: Ja, es wird Zeit, dass wir auch als Paar wieder funktionieren. Und wir werden funktionieren.
Mann: Funktionieren?
Frau: Funktionieren.
Mann: Ob das funktioniert?

Beide atmen gemeinsam und gleichzeitig aus.

BEIDE: ***glücklich*** Aaaaa …
Frau: Im Hotel werden wir all unsere Alltags-Verspannungsknoten wegkneten lassen!
Mann: Oh, ja…
Frau: Alle Blockaden werden wir abbauen …
Mann: Oh, ja…
Frau: Im Whirlpool lassen wir es kribbeln …
Mann: Oh, ja …
Frau: ***begeistert*** Vielleicht tanzen wir mal wieder?

Mann: Oh – ***wenig begeistert*** Vielleicht?
Frau: Sophie tanzt auch gerne.
Mann: Sophie tanzt toll! Das hat sie von dir.
Frau: Gott sei Dank! Weißt du noch? Der erste Familienurlaub zu dritt?
Mann: Wie könnte ich den vergessen?
Frau: Vergessen hast du damals das Kuscheltier von Sophie.
Mann: Und ich habe mich dafür entschuldigt! Tausend Mal!
Frau: Ich habe dich nur um das Kuscheltier gebeten!
Mann: Mhm.
Frau: Es war nicht viel, worum ich dich gebeten habe, nur dass du das Kuscheltier einpackst!
Mann: Du wiederholst dich.
Frau: Sie ist uns nicht eingeschlafen ohne ihr Häschen.
Mann: Irgendwann ist sie eingeschlafen.
Frau: Irgendwann – ja. Stundenlang mussten wir sie beruhigen.
Mann: Ich musste sie beruhigen!
Frau: Das Abendessen in dem tollen Restaurant konnten wir jedenfalls vergessen.
Mann: Und den Sex auch!
Frau: Ich habe nicht gesagt: Vergiss das Häschen!
Mann: Sex hätten wir mit oder ohne Häschen haben können. Aber dieses Mal gibt es im Urlaub ohnehin kein Häschen.
Frau: Nein! Kein Kind, kein Häschen!

Kurze Stille.

Frau: Hast du deiner Mutter eh das Häschen mitgegeben?
Mann: Nein.
Frau: Wie?
Mann: Wieso ich?
Frau: Wieso nicht?
Mann: Ich gebe ihr nie das Häschen! Du gibst ihr immer das Häschen in die Tasche.
Frau: Ich habe ihr aber das Häschen nicht in die Tasche gegeben.

Mann: Warum nicht?
Frau: Warum? Ist das jetzt meine Schuld?
Mann: Nein.
Frau: Toll. Können wir gleich umdrehen!
Mann: Du willst wegen dem Häschen umdrehen?
Frau: Nein!
Mann: Gott sei Dank!
Frau: Ich will wegen Sophie umdrehen! Sie kann ohne ihr Häschen nicht einschlafen. Das weißt du doch!
Mann: Wenn Sophie ohne ihr Häschen nicht einschlafen kann, wird meine Mutter für sie ein Gutenachtlied singen, bis sie so müde ist, dass sie auch ohne Häschen einschläft!
Frau: Deine Mutter singt schrecklich!
Mann: Bitte mach dir keine Sorgen! Wir sind am Weg zum Hotel, in Gedanken liegen wir schon am Strand und trinken unsere Begrüßungscocktails …
Frau: Ich bin eine schreckliche Mutter!
Mann: Bist du nicht! Du kannst auch nicht immer an alles denken. Du brauchst mal eine Auszeit. Das ist gesund und denk dran: Endlich Urlaub! Zu zweit.
Frau: Nur wir.
Mann: Du und ich.
Frau: Allein.
Mann: Ohne Kind. Seit vier Jahren, zwei Monaten und drei Tagen!
Frau: Seit vier Jahren, zwei Monaten und vier Tagen!
Mann: Drei Tage!
Frau: Vier Tage!
BEIDE: Egal!
Mann: Hauptsache …
Frau: Urlaub!

Beide atmen gemeinsam und gleichzeitig aus.

BEIDE: ***glücklich*** Aaaaa …

Plötzlich klingelt das Handy.

Frau: ***erschrocken*** Deine Mutter!

Der Mann hebt ab.

Mann: Hallo Mama …

Frau: Fehlt ihr das Häschen?!

Verzweifelter Blick von Mann zu Frau.

Mann: Schlimmer. Sophie hat die Masern!

Verzweifelter Blick von beiden.

Frau: Neeeeeeein!!!

Nun haben Sie die Wahl!

A

Sie entscheiden sich für den Urlaub und geben Vollgas!
Nichts wie weg!

B

Sie geben sich 24 Stunden Zeit und suchen sich ein Hotel auf halbem Weg. Sollte es Ihrem Kind schlechter gehen, können Sie den Urlaub immer noch abbrechen.

C

Sie drehen sofort um und fahren nach Hause. Ein Urlaub zu zweit kann auch noch in den nächsten zehn Jahren stattfinden.

Je nach Wahl, sind Sie folgender Typ:

Typ A

Sie sind der „Jetzt-oder-nie“-Typ.
Das Kind ist krank, das können Sie nicht ändern und das wissen Sie auch. Sie wissen aber auch, was Ihnen guttut und was Sie jetzt brauchen. Gute Einstellung! Nur aufpassen, dass es auf Dauer nicht auf Kosten anderer geht.

Typ B

Sie sind der „Ich-schau-mal“-Typ.
Die Balance zwischen Kind, Partnerschaft und Beruf zu halten, ist eine schwierige Aufgabe, die Sie gut meistern. Nach dem Prinzip: Es wird nichts so heiß gegessen, wie es gekocht wird. Treffen Sie dazwischen schneller Entscheidungen, das vereinfacht Ihren Alltag!

Typ C

Sie sind der „Vernünftige“-Typ.
Sie spüren: Es ist Zeit für Seelenverschmelzungssex! Der Befruchtungssex muss warten! Kopf hoch und denken Sie daran: Noch ist nicht aller Tage Abend.

… an der Tür des Kindes zu lauschen.

Unsere Kinder kennen sich schon seit der Geburt. Clara-Marie und Lukas haben miteinander gespielt, gebastelt, gemalt, getanzt, gelacht, geweint, sich gegenseitig Pflaster auf die Knie geklebt und sich im Fasching als Prinzessinnen verkleidet. Caro und ich haben währenddessen Probenpläne, Kostüme, Stücktexte, Lieder und weitere berufliche Themen besprochen und immer wieder hatten wir ihnen gegenüber ein schlechtes Gewissen. Wir waren von Schuldgefühlen geplagt, weil wir viele Momente verpasst haben und nicht immer Zeit für unsere Kinder da war.
Das Schöne ist, dass Clara-Marie und Lukas immer noch – auch wenn sie einen anderen Freundeskreis haben – gerne Zeit miteinander verbringen. Sie gehen zusammen shoppen, hören die gleiche Musik, gehen auf dieselbe Schule und machen gemeinsam Urlaub.
Lukas kommt immer wieder bei mir vorbei und isst mit mir Fischstäbchen.
(Das geht für eine griechische Caro natürlich nicht!)
Clara-Marie holt sich bei Caro Styling-Tipps!
(Die sie von der in Jogginghosen schreibenden Mama definitiv nie bekommt!)

Für uns war klar: Wenn wir ein Buch schreiben, sollen unsere Kinder eine wichtige Rolle darin spielen. Zu einer „Working Mum“ gehört schließlich auch ein „Relaxing Child“. Oder auch ein „Crazy Child“, aber ein „Child“ in jedem Fall. So kam es, dass wir unsere Kinder befragten, wie es ihnen mit uns geht. Wie sie es erleben, Mamas zu haben, die beruflich viel unterwegs waren und immer noch sind. Das Gespräch war relativ schnell beendet. „Gut“ war der einzige sprachliche Erguss, der den beiden über die Lippen kam.

Okay, beide sind Teenager und „gut" ist schon mehr, als manche in dem Alter überhaupt mit den Eltern reden. Für ein Interview in einem Buch war „gut" aber dann doch ein bisschen zu wenig. Alle weiteren Fragen, die wir stellten, wurden mit einem monotonen „Ja" oder einem teilnahmslosen „Nein" beantwortet. Wir mussten also zu drastischen Mitteln greifen! Und so kam es, dass wir ganz zufällig, still und heimlich an der Kinderzimmertür von Lukas lauschten, als Clara-Marie wieder einmal zu Besuch war.
Ganz ehrlich – wer lauscht nicht ab und zu an den Türen der Kinder? Hm? Wir haben es getan. Selbstverständlich nur aus rein beruflichen Gründen!
Eh klar …

Clara-Marie: Unsere Mamas schreiben jetzt also ein Buch über Mütter, die arbeiten.

Lukas: Ja.

Clara-Marie: Wie findest du das?

Lukas: Gut.

Clara-Marie: Ich auch. Gut.

Lukas: Die machen ständig immer irgendwas.

Clara-Marie: Stimmt. Und die Sole zeichnet uns. Da haben wir Glück.

Lukas: Wichtig ist nur, dass meine Mama uns nicht zeichnet.

Clara-Marie: Ich mag die Frage von deiner Mama vorhin: „Gehen wir euch am Nerv?"

Lukas: Sicher.

Lukas lacht. Clara-Marie lacht.

Clara-Marie: Mich nervt es so, dass die Michi mich ständig abbusselt.
Gott sei Dank haben wir jetzt einen Hund.

Lukas:	Mich nervt es, dass Mama so streng ist. Und ich hasse den Satz: „Du hast Handyverbot!" Oder: „Tisch decken!"
Clara-Marie:	Die Michi kauft oft Kleider, die sie nicht anzieht. Das verstehe ich nicht.
Lukas:	Mama hat so viele Schuhe. Ich würde sie gerne verkaufen.
Clara-Marie:	Das würde ich dir nicht raten.
Lukas:	Ich würde es auch nie tun. Außer ich wäre der Chef im Haus.
Clara-Marie:	Wenn ich die Chefin zu Haus wäre, würde ich einiges in unserer Wohnung umstellen und viele Tiere würde ich mir kaufen.
Lukas:	Ich würde den Gefrierschrank mit Fischstäbchen füllen.
Clara-Marie:	Die Michi macht alle 14 Tage Fischstäbchen. Ich hasse Fischstäbchen.
Lukas:	Ich liebe Fischstäbchen. Mama kocht immer frisch.
Clara-Marie:	Hast du ein Glück!
Lukas:	Wie wäre es mit Muttertausch?
Clara-Marie:	Muttertausch. Cool.
Beide lachen.	
Clara-Marie:	Wenn die Michi früher beruflich Stress hatte, gab es bei uns immer Würstel mit Ketchup.
Lukas:	Isst du deshalb kein Fleisch mehr?
Clara-Marie:	Vielleicht?
Lukas:	Und jetzt?
Clara-Marie:	Koch ich selber, wenn die Michi beruflich Stress hat. Oder ich bestelle mir was.
Lukas:	Wenn meine Mama beruflich viel zu tun hat, spiele ich viel mit meinem Bruder und lass sie in Ruhe.
Clara-Marie:	Wenn die Michi Stress hat, rennt sie wie ein

	steirisches Hendl durch die Wohnung.
Lukas:	Wenn Mama Stress hat, scheißt sie jeden zusammen. Dann ist sie schnell von null auf hundert. Und dann sagt sie immer, dass sie sich danach dafür entschuldigen wird. Das stimmt aber nicht. Sie entschuldigt sich nicht. Sie glaubt nur, dass sie sich entschuldigt.
Clara-Marie:	Ich würde der Michi wünschen, dass sie weniger gestresst ist. Denn wenn sie gestresst ist, sind wir, der Thomas und ich, auch gestresst.
Lukas:	Die Mama ist ungeduldig und immer zu schnell. Sie sollte Tempo rausnehmen.
Clara-Marie:	Caro und langsam …? Darüber muss ich nachdenken.

Stille.

Lange Stille.

Angestrengtes Lauschen von Caro und Michi vor der Kinderzimmertür.

Michi:	Was machen die bitte?
Caro:	Die Clara-Marie denkt nach, denk ich.

Stille.

Lange Stille.

Angestrengtes Lauschen von Caro und Michi vor der Kinderzimmertür.

Michi:	Hörst du was?
Caro:	Nein.
Michi:	Hörst du jetzt was?
Caro:	Nein.
Michi:	Hörst du …
Caro:	Nein! Ich höre nur dich!

Angestrengtes Lauschen von Caro und Michi.

Michi:	Die beiden lachen.

Caro: Ja, sie lachen. Und wenn wir zuhören, hören wir, worüber sie lachen.

Clara-Marie: Ich hab die Caro gestern im Fernsehen gesehen.

Lukas: Sie ist ständig im Fernsehen.

Clara-Marie: Ich finde es cool, was Caro macht.

Lukas: Kabarettistin, ein ganz normaler Beruf halt. Ich finde cool, was deine Mama macht. Sie schreibt alle Stücke für den Märchensommer. Ich möchte auch einmal Autor werden.

Clara-Marie: Echt? Ich hasse schreiben!

Lukas: Geschichten zu erfinden, mag ich. Vielleicht werde ich auch Journalist, das ist auch cool. Oder Designer.

Clara-Marie: Ich werde vielleicht einmal Anwältin oder Kriminalpsychologin. Da kann ich bestimmt gut Geld verdienen, weil immer irgendwer irgendwen umbringt.

Lukas: Das stimmt.
Kriegen wir eigentlich Geld?

Clara-Marie: Wofür?

Lukas: Weil sie uns Fragen für ihr Buch stellen. Wir arbeiten ja quasi mit.

Clara-Marie: Stimmt. Ohne uns würde es kein Buch geben.

Lukas: Wir müssen verhandeln!

Beide Kinder grinsen.

Clara-Marie: Ich kann mich gar nicht erinnern, dass die Michi früher, wie ich klein war, so viel weg war, wie sie vorhin gesagt hat.

Lukas: Wenn Mama nicht da war … das war immer eine schöne Abwechslung.

Lukas kichert.

Clara-Marie: Wenn die Michi weg war, gab es immer Oma- oder

	Opa-Zeit.
Lukas:	Ja, bei mir auch, das war super!
Clara-Marie:	Und wenn die Michi dann wieder da war, hab ich immer ein Plüschtier von ihr bekommen.
Lukas:	Die Mama hat immer viel Zeit mit mir verbracht. Auch heute noch. Am Abend steht sie auf der Bühne, da schlaf ich eh und tagsüber ist sie dann viel zu Hause. Und dann haben wir eine gute Zeit … sie ist ja wirklich lustig.
Clara-Marie:	Meine Mama ist auch lustig, ich geh gerne mit ihr shoppen.
Lukas:	Ich geh auch mit Mama shoppen.
Clara-Marie:	Wenn wir Geld fürs Buch bekommen …
Lukas:	… gehen wir gemeinsam shoppen!
Clara-Marie:	Ja! – Du, wenn es das Fach Mama geben würde… Welche Note gibst du deiner Mama?
Lukas:	Eine Zwei. Da können sie sich noch verbessern. Und du?
Clara-Marie:	Auch eine Zwei. Zwei ist gut.
Lukas:	Sie haben uns ja gefragt, wie es uns mit ihnen geht, und wir haben „gut" gesagt.
Clara-Marie:	Gut ist gut.
Lukas:	Ja. Da haben sie noch Luft nach oben.

Vor der Kinderzimmertüre…

Michi:	Eine Zwei? Da sind wir eh nicht so schlecht als Mamas.
Caro:	Nein, gar nicht. Ich frag mich gerade: Warum hatte ich immer ein schlechtes Gewissen, wenn ich beruflich weg war?
Michi:	Und warum hatte ich immer Schuldgefühle, wenn ich Clara-Marie zu meinen Eltern geschickt habe, wenn ich Textabgaben hatte?

Caro & Michi: Wenn ich das vorher gewusst hätte!!!

In dem Moment kommt Oskar, der jüngste Sohn von Caro, des Weges.

Oskar: Mama, du hast gesagt, an Türen darf man nicht lauschen!

Dieses Kapitel verträgt eine NACHBEMERKUNG, wie wir finden.
Über all die Jahre haben wir uns immer und immer wieder Gedanken gemacht. Haben wir als Mütter versagt? Werden uns die Kinder unsere Abwesenheit übel nehmen?
Oft wird uns vorgeworfen, nicht genug für unsere Kinder da zu sein. Wir sollten uns „normale" Berufe suchen, Berufe, die uns zu Mittag an den Herd, nachmittags an den Haushalt und abends an den Ehemann fesseln. Abgesehen davon, dass keine von uns beiden auf Bondage-Praktiken steht, war und ist dieser immer wiederkehrende Rat äußerst verletzend und übergriffig. Auch wenn wir uns selbst eher eine Drei bis Vier im Fach „Mutter sein" als Schulnote geben würden, diese Möchtegern-Ratgeber verdienen in Betragen bestenfalls ein „Nicht genügend".
Wir hatten selbst schon oft genug das Gefühl, unsere Kinder aus beruflichen Gründen „abgeschoben" zu haben. Heute wissen wir, dass die Kinder das nie so empfanden. Wir wären dankbar gewesen über Zuspruch und Unterstützung aus der Gesellschaft. Aber wie wir auch heute noch immer bemerken, ist der Weg zur Akzeptanz und Selbstverständlichkeit einer arbeitenden Mutter noch ein weiter …
Deshalb tut es gut, zu hören, dass unsere Kinder nicht einen negativen Gedanken an unsere Berufe verschwenden. Die Note Zwei! Für die hätten wir während der Schulzeit einiges gegeben.
Der Spagat zwischen Familie und Beruf ist immer eine Herausforderung, deshalb sollten wir Mütter nicht allzu streng mit uns sein. Es gibt so viele hart

arbeitende Mütter, denen es genauso geht wie uns. Ist man daheim, denkt man an die Arbeit, ist man in der Arbeit, denkt man an die Kinder. Ständig ist man hin und her gerissen, anstatt im Hier und Jetzt das Beste aus der jeweiligen Situation zu machen. Deshalb ist es an der Zeit, Schluss zu machen!

Hören wir auf, uns ein schlechtes Gewissen einreden zu lassen.
Hören wir auf, uns über andere zu definieren.
Hören wir auf, uns ständig zu zerreißen, nur um irgendjemandem etwas zu beweisen.

Fangen wir an, öfter „Nein" zu sagen!
Fangen wir an, uns selbst zu loben, für das, was wir geschafft haben!
Fangen wir an, unser Superheldinnen-Dasein zu feiern!

Jetzt!

PS.:
Michi kocht inzwischen richtig gut und Fischstäbchen gibt es nur noch, wenn Lukas zu Besuch ist.

… gegen eine Wand zu sprechen.

Mutter sagt / Kind hört

Mutter: „Ich habe jetzt keine Zeit! Geh und mal was!“

Mutter: „Kannst du haben. Aber wie lautet das Zauberwort?“

Mutter: „Ruf mich an, wenn du bei deinem Freund angekommen bist!"

Mutter: „Kannst du bitte den Tisch decken?"

Mutter: „Schatz, wir gehen gleich ..."

…über den Kindersprachschatz zu schmunzeln.

Das Los des Zweitgeborenen ist nicht immer leicht. Einerseits ist Oskar „der Kleine" und hat damit den Vorteil, dass man ihm mehr verzeiht, andererseits hat man alles schon einmal erlebt. Das erste Lachen, die ersten Schritte und auch das erste Wort. Ich habe mich dabei ertappt, nicht so gewissenhaft wie bei Lukas alles zu dokumentieren. Nur Fotos gibt es mehr von ihm, weil ich das Handy noch mehr benutze, als ich es sieben Jahre zuvor bei meinem ersten Sohn getan habe. Bei Oskar werden die Aussagen überhaupt erst spannend mit zunehmendem Alter. Er ist frecher und extrovertierter als Lukas und eigentlich ist er ein kleiner Clown. Mein kleiner Clown, der es sich zur Aufgabe gemacht hat, mich und alle in seiner Umgebung mit seinen Geschichten und Darbietungen zu unterhalten.

Kapitel 3
Oskar

Oskar, 4 Jahre alt, beim Uno-Spielen:
„Es ist egal, wer gewinnt, ich gewinne."

Oskar, 4 Jahre alt, unterbricht seinen Bruder, der sich in ein Gespräch einmischt:
„Lukas, jetzt rede ich mit dem Papa. Ich hab nicht drei Münder, ich kann nicht mit allen gleichzeitig reden."

Oskar, 4 Jahre alt, nach einem Telefonat mit der Oma:

Oskar: „Wie alt wird die Oma?"

Ich: „63."

Oskar: „Du meine Güte, da passt sie ja gar nicht mehr ins Haus."

Oskar, 4 Jahre alt, beim Einschlafen:

„In der Nacht rufe ich Mama oder Papa. Ich weiß noch nicht welche Sprache ich rufe."

Oskar, 4 Jahre alt, am Esstisch:

Oskar: „Wenn ich mehr esse, bekomme ich auch ein Baby. Der Papou (Opa) hat auch einen dicken Bauch, der kriegt auch ein Baby."

Lukas: „Der bekommt Drillinge!"

Oskar, 5 Jahre alt, beim Lesen eines Sachbuches:

„Wie kommt die Milch in die Milchstraße?"

Oskar, 5 Jahre alt, beim Diskutieren mit seinem Papa:

„Mama ist der Boss, weil der, der am meisten schimpft, ist der Boss."

Oskar, 6 Jahre alt, vermeintlich schlafend in seinem Kinderzimmer, beim Schließen der Tür:

Oskar: „Lass bitte offen."

Ich: „Ich muss aber das Licht hier draußen einschalten."

Oskar: „Das macht nix, es stört mich nicht. Ich schlafe eh schon tief und fest."

Oskar, 5 Jahre alt, im Garten:

Ich: „Ich mag keinen Regen."

Oskar: „Aber warum, Mama? Regen ist gut für dich, dann wächst du."

… einen Brief an meine Tochter Clara-Marie zu schreiben.

Wenn ich daran zurückdenke, dass ich eigentlich nie Mutter werden wollte, fühlt es sich aus heutiger Sicht unglaublich schön an, einen Brief an meine Tochter schreiben zu dürfen. Seit sie da ist, bereichert sie mein Leben ungemein.

Aber was, wenn ich eines Tages nicht mehr für sie da sein kann? Dann soll Clara-Marie wissen, wie sehr ich sie liebe.

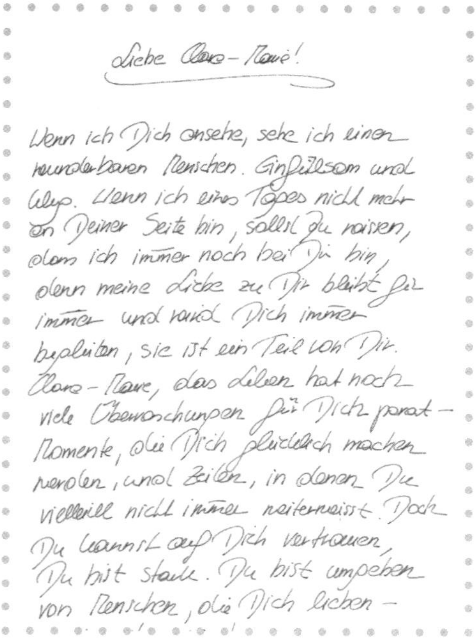
Liebe Clara-Marie!
Wenn ich Dich ansehe, sehe ich einen wunderbaren Menschen. Einfühlsam und klug. Wenn ich eines Tages nicht mehr an Deiner Seite bin, sollst Du wissen, dass ich immer noch bei Dir bin, denn meine Liebe zu Dir bleibt für immer und wird Dich immer begleiten, sie ist ein Teil von Dir. Clara-Marie, das Leben hat noch viele Überraschungen für Dich parat – Momente, die Dich glücklich machen werden, und Zeiten, in denen Du vielleicht nicht immer weiterweisst. Doch Du kannst auf Dich vertrauen, Du bist stark. Du bist umgeben von Menschen, die Dich lieben –

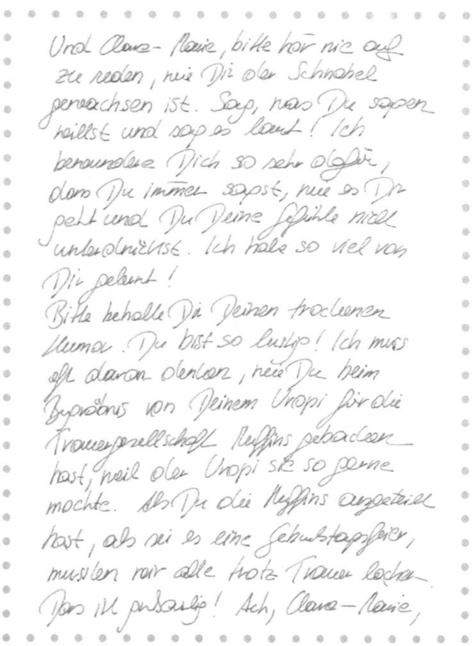
Und Clara-Marie, bitte hör nie auf zu reden, wie Dir der Schnabel gewachsen ist. Sag, was Du sagen willst und sag es laut! Ich bewundere Dich so sehr dafür, dass Du immer sagst, wie es Dir geht und Du Deine Gefühle nicht unterdrückst. Ich habe so viel von Dir gelernt!
Bitte behalte Dir Deinen trockenen Humor. Du bist so lustig! Ich muss oft daran denken, wie Du beim Begräbnis von Deinem Uropi für die Trauergesellschaft Muffins gebacken hast, weil der Uropi sie so gerne mochte. Als Du die Muffins ausgeteilt hast, als sei es eine Geburtstagsfeier, mussten wir alle trotz Trauer lachen. Das ist großartig! Ach, Clara-Marie,

Liebe Clara-Marie!

Wenn ich Dich ansehe, sehe ich einen wunderbaren Menschen. Einfühlsam und klug. Wenn ich eines Tages nicht mehr an Deiner Seite bin, sollst du wissen, dass ich immer noch bei Dir bin, denn meine Liebe zu Dir bleibt für immer und wird Dich immer begleiten, sie ist ein Teil von Dir.

Clara-Marie, das Leben hat noch viele Überraschungen für Dich parat – Momente, die Dich glücklich machen werden, und Zeiten, in denen Du vielleicht nicht immer weiterweißt. Doch Du kannst auf Dich vertrauen, Du bist stark. Du bist umgeben von Menschen, die Dich lieben – vergiss das nie!

Sei mutig! Wenn etwas in Deinem Leben für Dich nicht passt, ändere es! Du weißt, was Dir guttut, vertraue darauf!

Genieße jeden Moment und lebe jeden Tag, als wäre es Dein letzter! Hab Spaß und lache. Lache laut. Lache allein. Lache mit Freunden. Und wenn Du weinen willst, dann weine – es hat keinen Sinn, seine Gefühle zu unterdrücken, das macht Dich nur traurig.

Denk daran, schlechte Tage gibt es immer wieder einmal, sie gehören

Sei mutig! Wenn etwas in Deinem Leben für Dich nicht passt, ändere es! Du weißt, was Dir guttut, vertraue darauf!
Genieße jeden Moment und lebe jeden Tag, als wäre es Dein letzter! Hab Spaß und lache. Lache laut. Lache allein. Lache mit Freunden. Und wenn Du weinen willst, dann weine – es hat keinen Sinn, seine Gefühle zu unterdrücken, das macht Dich nur traurig.
Denk daran, schlechte Tage gibt es immer wieder einmal, sie gehören zum Leben, doch sie gehen vorbei – ich weiß das. Versprich mir, dass Du an solchen Tagen nicht alleine bist, ruf Deine Freunde an! Du bist immer für Deine Freunde da, ich weiß,

ich hab Dich so lieb. Du überraschst mich immer wieder.
Bitte mach Dir keine Sorgen, was Du beruflich später einmal machen wirst. Was immer Du tust, Du wirst es mit Herz und Verstand tun.
Dein Herz ist so groß, pass darauf auf! Ich wünsche Dir einen Partner an Deiner Seite, der Dich versteht und Dich sein lässt, wie Du bist. Und ich wünsche Dir Freunde, die Dich lieben und Dir guttun – solche Freunde, wie sie Dich jetzt bereits begleiten. Ich wünsche Dir eine Familie, die Dir Geborgenheit und Sicherheit schenkt – und viele Hunde zum Kuscheln.
Wenn Du eines Tages einmal selbst Mutter sein solltest, weiß ich, dass

zum Leben, doch sie gehen vorbei – ich weiß das. Versprich mir, dass Du an solchen Tagen nicht allein bist, ruf Deine Freunde an! Du bist immer für Deine Freunde da, ich weiß, sie sind es auch für Dich.

Und Clara-Marie, bitte hör nie auf zu reden, wie Dir der Schnabel gewachsen ist. Sag, was Du sagen willst, und sag es laut! Ich bewundere Dich so sehr dafür, dass Du immer sagst, wie es Dir geht, und Du Deine Gefühle nicht unterdrückst. Ich hab so viel von Dir gelernt!

Bitte behalte Dir Deinen trockenen Humor. Du bist so lustig! Ich muss oft daran denken, wie Du beim Begräbnis von Deinem Uropi für die Trauergesellschaft Muffins gebacken hast, weil der Uropi sie so gerne mochte. Als Du die Muffins ausgeteilt hast, als sei es eine Geburtstagsfeier, mussten wir alle trotz der Trauer lachen. Das ist großartig! Ach, Clara-Marie, ich hab Dich so lieb. Du überraschst mich immer wieder.

Bitte mach Dir keine Sorgen, was Du beruflich später einmal machen wirst. Was immer Du tust, Du wirst es mit Herz und Verstand tun.

Dein Herz ist so groß, pass darauf auf! Ich wünsche Dir einen Partner

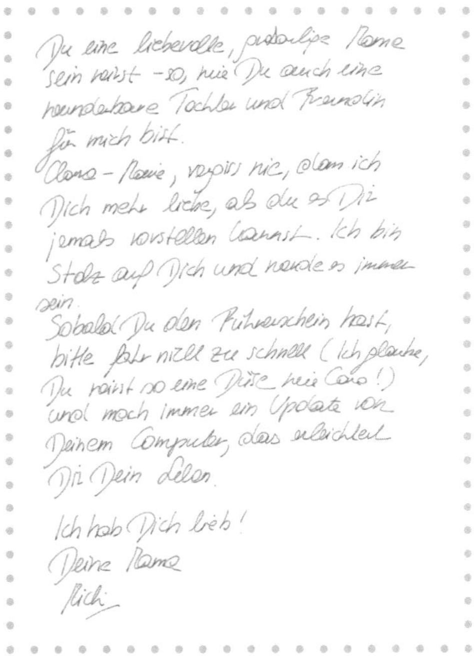
Du eine liebevolle, großartige Mama
sein wirst – so, wie Du auch eine
wunderbare Tochter und Freundin
für mich bist.
Clara-Marie, vergiss nie, dass ich
Dich mehr liebe, als du es Dir
jemals vorstellen kannst. Ich bin
Stolz auf Dich und werde es immer
sein.
Sobald Du den Führerschein hast,
bitte fahr nicht zu schnell (Ich glaube,
Du wirst so eine Düse wie Caro!)
und mach immer ein Update von
Deinem Computer, das erleichtert
Dir Dein Leben.
Ich hab Dich lieb!
Deine Mama
Michi

an deiner Seite, der Dich versteht und Dich sein lässt, wie Du bist. Und ich wünsche Dir Freunde, die Dich lieben und Dir guttun – solche Freunde, wie sie Dich jetzt bereits begleiten. Ich wünsche Dir eine Familie, die Dir Geborgenheit und Sicherheit schenkt – und viele Hunde zum Kuscheln.

Wenn Du eines Tages einmal selbst Mutter sein solltest, weiß ich, dass Du eine liebevolle, großartige Mama sein wirst – so, wie Du auch eine wunderbare Tochter und Freundin für mich bist. Clara-Marie, vergiss nie, dass ich Dich mehr liebe, als Du es Dir jemals vorstellen kannst. Ich bin stolz auf Dich und werde es immer sein. Sobald Du den Führerschein hast, bitte fahr nicht zu schnell (Ich glaube, Du wirst so eine Düse wie Caro!) und mach immer ein Update von Deinem Computer, das erleichtert Dir Dein Leben.

Ich hab Dich lieb!

Deine Mama
Michi

… meine Augen zu verdrehen.

Wenn Blicke töten könnten … dann wäre ich Massenmörderin!
Augen verraten so viel. Viele glauben ja, nur weil ich Schauspielerin bin, kann ich allen und jedem im täglichen Leben etwas vorspielen. Tatsache ist, sich permanent verstellen zu müssen, ist nicht nur furchtbar anstrengend, sondern schlicht und ergreifend unmöglich.
Ich bin eine große Verfechterin der Ehrlichkeit. Manchmal bin ich vielleicht zu ehrlich. Es fällt mir schwer, jemandem etwas vorzumachen. Bei mir weiß jeder, woran er ist, was, zugegeben, nicht immer ideal ist. Die Basis für ein glückliches und vor allem langes Leben bildet meiner Meinung nach die Fähigkeit, Emotionen herauszulassen, sie auf gesunde Art und Weise auszuleben. Damit meine ich nicht, per se bei allem, was einem nicht passt, cholerisch über Menschen drüberzufahren, aber es ist verdammt wichtig, seine Gefühle auf der Zunge zu tragen. Wer zu viel schluckt, wird krank. Komplimente und Lob gehören da genauso dazu wie Kritik und Ärger. In der Erziehung genauso wie am Arbeitsplatz.
Habt keine Angst vor denen, die euch anschreien, sondern vor denen, die euch anschweigen!
Aber die Schweigenden haben immer noch Augen und wer die lesen kann, ist klar im Vorteil …

Wie gut kennst du deine Mama?

Wenn Mama so schaut, heißt das ...? Verbinde!

(Natürlich sind auch mehrere Antworten möglich!)

- Ich habe mein Zimmer nicht aufgeräumt.
- Papa hat vergessen, mich vom Kindergarten / von der Schule abzuholen!

- Papa hat nicht bemerkt, dass Mama beim Friseur war.
- Papa ist noch immer nicht zu Hause.

- War ich frech?
- Papa hat vergessen zu erwähnen, dass er mit Freunden am Wochenende weg ist.
- Papa hat den Hochzeitstag vergessen!

- Hab ich meine Kleidung nicht weggeräumt?
- Ihr Tag war mies, ich lasse sie in Ruhe.
- Papa hat noch immer nicht die Glühbirne gewechselt.

- Sie sucht den Autoschlüssel und findet ihn nicht.
- Die Milch für ihren Kaffee ist sauer.
- Ich habe ihr nicht zugehört.

- Sie war beim Elternsprechtag.

… ein Spiel zu spielen.

Wann genau passiert es eigentlich? Wann ist der Moment da, wo wir das Spielen verlernen?

Als Kind spielen wir den ganzen Tag. Mein kleiner Sohn steht auf, spielt mit den Kuscheltieren im Bett, dann zieht er sich an, versteckt sich unter seinem T-Shirt, dann spielt er mit der Zahnbürste, mit dem Essen würde er gerne spielen, nur dann bekäme er es mit mir zu tun. Bevor er in die Schule geht, macht er ein Puzzle oder spielt mit seinen Autos. Auf der Fahrt zur Schule spielt er das sogenannte „Autospiel". Wir einigen uns auf eine Automarke und dann geht es darum, wer so schnell wie möglich die meisten davon auf der Straße erspäht. Beim Abholen spielen wir natürlich das gleiche Spielchen wieder. Zu Hause wird abgewechselt zwischen Lego, Verkaufsladen, Bügelperlen, Malen, Fangen, Verstecken, Eisenbahn, Autoquartett und sein absoluter Favorit im Moment: DKT. Nur dazu braucht er immer mindestens eine zweite Person und wir wissen alle, DKT ist kein schnelles Spiel für zwischendurch. Es dauert ewig! Und die Zeit habe ich nicht.

Wenn ich einmal nicht abends unterwegs bin, dann versuche ich daheim so viel wie möglich zu erledigen. Ich nehme mir immer vor, mich noch mehr um meine Kinder zu kümmern, aber ich schaffe es dann wieder nicht. Da ist noch ein Papierberg, der geordnet werden will, die Wäsche muss ich wegräumen, kochen muss ich noch und im Bad sollte ich endlich meine Nagellacksammlung aussortieren. Immer ist irgendetwas. Dabei sollte ich doch spielen.

Mit meinem Sohn, der voller Vorfreude alles aufgebaut hat und nur auf seine Mama wartet, dass sie endlich kommt.

In solchen Momenten entscheide ich mich manchmal dafür, Essen zu bestellen, damit ich Zeit gewinne und mit meinem Buben in Ruhe ein Spiel spielen kann.

Mama ärgere dich nicht!

2–4 Spieler
4–99 Jahre
Benötigt wird: 1 Würfel, Spielfiguren

Einfach QR-Code scannen, Spiel ausdrucken (4 A4-Seiten) und los geht's!

Das Spiel ist selbsterklärend. Bei einer gewürfelten Sechs darf man ein weiteres Mal würfeln.
Gewonnen hat, wer als Erster den Tag geschafft hat.

QR-Code fürs Spiel

… einen Brief an meinen Sohn Oskar zu schreiben.

Mein zweiter Sohn Oskar lernt gerade voller Begeisterung das Lesen. Es ist wunderschön, mitzuerleben, was für eine neue Welt sich ihm gerade präsentiert. Was für uns selbstverständlich ist, erfreut meinen Sechsjährigen täglich aufs Neue und ständig berichtet er mir aufgeregt von den Wörtern und Sätzen, die er entziffern konnte.
Damit er meinen Brief lesen und wirklich verstehen kann, braucht es noch ein paar Jährchen. Ich möchte aber, dass er diesen Brief auch noch dann durchlesen kann, wenn ich gar nicht mehr bin.

Lieber Oskar!

Mein lieber kleiner Wirbelwind. Wenn es Dich nicht gäbe, müsste man Dich erfinden.

Dass ich noch ein zweites Kind wollte, war mir schon kurz nach der Geburt von Lukas klar. Was ich aber auch wusste, war, dass ich mir Zeit lassen wollte. Nicht nur ein oder zwei Jahre, sondern mindestens fünf. Viele meinten, ich solle doch so schnell wie möglich „nachschießen", dann hätte ich es hinter mir. Aber das wollte ich nicht. Ich wollte für mein zweites Kind genauso viel Aufmerksamkeit aufbringen wie für das erste. Auf keinen Fall wollte ich es einfach nebenherlaufen lassen. Sieben Jahre sind es im Endeffekt geworden. Es hat einfach seine Zeit gebraucht, Deinen Papa zu finden.

Ich weiß es noch wie heute, wie wir uns begegnet sind. Gudrun hatte das Treffen arrangiert, ohne mein Wissen. Ich dachte, ich würde mit ihr – so wie jedes Jahr – im „Motto am Fluss" ein „Wir-zelebrieren-unser-erfolgreiches-Jahr"-Treffen feiern. Dem war nicht so. Bei meiner Ankunft im Lokal war niemand da. Dachte ich. Der Kellner ging nachsehen, ob jemand im hinteren Teil des Lokals auf mich wartete, und just als er wegging, hörte ich hinter mir jemanden sagen: „Caro?"

Ich drehte mich um und sah in zwei leuchtend grüne Augen. Der erste Gedanke, der mir damals in den Sinn schoss, war: Sind das die Augen des Vaters meines zukünftigen Kindes? Ohne Witz! Das dachte ich in der Sekunde, als ich Deinen Vater zum ersten Mal sah. Wir verbrachten einen sehr lustigen und entspannten Abend. Ich überforderte ihn vielleicht ein wenig, weil ich gleich meine Vorstellungen, wie für mich eine Beziehung zu funktionieren hat, auf den Tisch knallte. Ich erzählte unverblümt von meinem stressigen Leben und dass ich von einem Mann verlange, bei der Kindererziehung 100 Prozent zu geben. Vielleicht war es aber genau diese Ehrlichkeit, die Deinem Papa an mir gefallen hat.

Es dauerte nicht lange und wir wurden ein Paar. Wir waren sehr glücklich. Was heißt, wir sind es immer noch! Ich konnte von Beginn an nicht fassen, dass es jemanden gab, der mich so nahm, wie ich war.

Noch glücklicher machte mich der Umstand, mit Dir in anderen Umständen zu sein. Du warst ein Wunschkind. Dass Du Dich so schnell auf den Weg gemacht hast, hätte ich mir zwar nicht gedacht, aber mir war sowieso klar, dass ich in der Schwangerschaft weiterarbeiten würde. Mein Bauch ist dermaßen schnell gewachsen, dass ich im vierten Monat schon aussah wie mit Lukas im achten. Bei den Vorstellungen haben sich die Zuschauer Sorgen gemacht, Du könntest jede Sekunde aus mir herauspurzeln. Am Schluss war Getsch bei jeder Vorstellung dabei, aber Du bist brav zwei Tage nach dem errechneten Geburtstermin auf die Welt gekommen.
Ich werde nie vergessen, wie der frischgebackene Papa mit Dir herumgegangen ist. Er hat sich immer nach hinten gebeugt, weil er Angst hatte, Du könntest ihm vorne wegrutschen. Es hat einige Wochen gedauert, bis er heraushatte, wie er Dich am bequemsten trägt.
Du warst so ein liebes Baby. Fröhlich und aufmerksam, lebhaft, aber nie anstrengend. Dein Appetit hat Dich von Anfang an von Deinem Bruder unterschieden. Du hast aber genauso wie Dein Bruder gerne Musik gehört. Lukas musste sich mit der Beschallung aus der Konserve begnügen, Dir hat Dein Vater auf der Gitarre vorgespielt. Noch bevor Du laufen konntest, hast Du die Gitarre gezupft, sehr zur Freude Deines Vaters.
Schon früh hat sich abgezeichnet, dass Du einen sehr starken Willen hast.
Es gibt viele Dinge, die ich in Dir sehe. Du bist der perfekte Spiegel und ich erkenne mich öfter, als mir lieb ist. Du bist es aber auch, der mich in die Schranken weist und mich aufmerksam macht, wenn ich wieder einmal herumhetze. Du bist für mich eine Art Gewissen auf zwei Beinen. Du schreckst nicht vor Konfrontationen zurück, im Gegenteil, Du forderst Erklärungen ein, diskutierst und kämpfst für Deine Meinung. Durch Deine charmante und liebevolle Art kann man Dir nur schwer böse sein.
Im Grunde verabscheust Du Konflikte, Du erkennst aber die Notwendigkeit, sie auszutragen. Behalte Dir diese Qualität bei! Viele Menschen können gar nicht mit Meinungsverschiedenheiten umgehen, sie sind aber wichtig, weil man gezwungen wird, seinem Gegenüber zuzuhören. Man lernt den anderen und sich selbst besser kennen. Durch das Miteinanderreden geht man auf-

einander zu oder man erkennt, dass die zwischenmenschliche Beziehung keine Zukunft hat. Das kann eine Option sein, sollte aber gut überlegt werden. Schrecke nie davor zurück, Entscheidungen zu treffen. Auch wenn sie anfangs schwer sein sollten, sie bringen Dich immer weiter im Leben und öffnen Dir Türen, wo Du vorher keine vermutet hättest.

Mir gefällt besonders an Dir, dass Du so mitteilungsfreudig bist. Du gehst offen auf Menschen zu, Du unterhältst sie nicht nur, sondern Du unterhältst Dich auch gerne mit ihnen. Schon jetzt kann man wunderbare Gespräche mit Dir führen. Außergewöhnlich für Dein Alter ist auch Deine Eloquenz, Dein Wortschatz und Dein Wortwitz. Das, was Du teilweise zu viel redest, redet Dein Bruder zu wenig. Deine Liebe zu Lukas ist herzerwärmend. Er ist Dein ganz großes Vorbild. Am liebsten würdest Du all das machen, was er macht. Aber das musst Du gar nicht. Ihr beide seid so verschieden, für jeden von euch ist ein Platz auf dieser Welt. Deine Fantasie kennt keine Grenzen und Dein Berufswunsch, „Verwandler" zu werden, verspricht eine aufregende Zukunft.

Wichtig ist, dass ihr euch nicht verliert. Du wirst wahrscheinlich irgendwo in der Weltgeschichte herumgeistern und viele Abenteuer erleben wollen. Vergiss dabei Deine Wurzeln nicht. Egal, wohin es Dich verschlägt, Dein Bruder wird immer für Dich da sein. Und Du auch für ihn, da bin ich mir ganz sicher.

Mach Dir Freunde! Sammle sie nicht. Du musst nicht jedem gefallen. Such Dir ein oder zwei Seelenverwandte und verbringe Zeit mit ihnen. Es gibt nichts Schöneres im Leben als Menschen, denen man alles erzählen kann, denen man voll vertrauen kann und die auch in turbulenten Zeiten bedingungslos für einen da sind. Sei auch Du für andere da. Sei Dir nie zu schade, anderen zu helfen. Alles kommt doppelt zurück!

Ich wünsche Dir eine liebe Partnerin oder einen lieben Partner, mit dem Du nicht nur das Leben teilen, sondern mit dem Du auch lachen kannst. Du bist so ein lustiges Kerlchen, lass Dir diesen Humor von nichts und niemandem austreiben. Im Humor liegt so viel Kraft, Kraft, die Du aufbringen kannst, um andere glücklich zu machen. Deine Energien ähneln den meinigen sehr, deshalb weiß ich, dass Du emotional stark genug bist, um für Dein Umfeld da zu sein.

Was ich als Mama so schön finde, ist zu beobachten, wie stark Dein Band zu Deinem Papa ist. Für Dich ist es nicht wichtig, ob ich da bin oder er. Du vertraust uns beiden gleichermaßen, aber Dein Papa und Du, ihr seid ein tolles Team!
Zu beobachten, wie gerne Du ihm im Garten hilfst oder wie du ihn beim Würfelpoker abzockst, amüsiert mich jeden Tag aufs Neue.
Du bist es auch, der das großartigste Abendritual erfunden hat. Einen „Viererdrücker" zu machen, würde schon reichen, aber Du bestehst darauf, dass wir uns alle danach noch einmal gegenseitig umarmen. Du sorgst dafür, dass wir uns vor dem Schlafengehen ganz nahe kommen, dafür bin ich Dir unendlich dankbar. Dein Herz ist so groß, ich hoffe, Du passt gut darauf auf. Achte aber auch auf die Gefühle anderer Menschen. Spiele nie damit, Du würdest das auch nicht für Dich wollen.
Geh mit offenen Augen durchs Leben! Lauf nicht und lass Dir zwischendurch Zeit, um den Moment zu genießen. Sei fleißig, aber mach Dich nicht kaputt. Suche Dir eine Beschäftigung, die Dich erfüllt und Dich glücklich macht. Tanze und singe genauso, wie Du es jetzt vor der Stereoanlage im Wohnzimmer tust. Gib das Geld, das Du verdienst, für Dinge aus, die Dir Spaß machen. Gehe auf Konzerte und ins Theater! Lass Dir das Essen schmecken. Bewege Dich in der Natur und nimm Dir irgendwann einen Hund.
Ich wünsche mir für Dich, dass Du glücklich und zufrieden Dein Leben verbringen kannst. Wenn ich nicht mehr da bin, dann freue Dich, dass ich Deine Mama war, aber weine nicht zu lange um mich. Das Leben ist zu kurz für zu viele Tränen … außer sie fließen vor Glück!
Lebe, liebe und hab Spaß!
Ich bin und werde immer für Dich da sein! Ich liebe Dich für immer und noch länger … bis zum Mond und zurück.

Deine Mama

... unsere Vorreiterinnen in den Himmel zu heben.

Waris Dirie oder Alice Schwarzer?
Schon einmal von diesen Damen gehört? Bestimmt! Aber wie sieht es denn mit Simone de Beauvoir oder Olympe de Gouges aus?
Keine Ahnung, wer die sind? Dann ist es an der Zeit, das zu ändern.

Ich liebe es, eine Frau zu sein. Ich bin durch und durch weiblich. Aber manchmal wäre ich schon gerne ein Mann.
Bei Gehaltsverhandlungen zum Beispiel wünschte ich mir schon oft ein anderes Geschlechtsteil zwischen meinen Beinen. Beim Nach-Hause-Gehen hätte ich manchmal bestimmt weniger Angst und auf Musikfestivals müsste ich mich nicht darum kümmern, ob meine Hose zu kurz ist.
Männer haben es da leichter. Das ist keine Behauptung, das ist eine Tatsache. Man möchte meinen, dass wir hier in Österreich in einem Land leben, in dem der Fortschritt gelebt wird. Ein weltoffenes und progressives Land mit vielen Möglichkeiten, seine Träume und Ambitionen auszuleben. Das stimmt aber leider nur teilweise. Spricht man mit Mitgliedern der LGBTQIA+-Gemeinde, mit Menschen mit besonderen Bedürfnissen oder mit alleinerziehenden Müttern zum Beispiel, dann sieht die Realität ganz anders aus. Dass in allen Bereichen Verbesserungen nicht schaden könnten, steht außer Frage, aber das würde hier den Rahmen sprengen. Deshalb möchte ich mich auf einen Bereich konzentrieren: die Frauen.

Ich bin bekennende Feministin. Aber was heißt das überhaupt?
Als Feministin will ich die Gleichstellung von Frau und Mann in der Gesellschaft.

Als Feministin bin ich gegen sexuelle Diskriminierung. Nicht mehr, aber sicher auch nicht weniger. Frauen sind in Österreich noch immer nicht gleichberechtigt. Die Gehaltsschere zwischen den Geschlechtern klafft dermaßen auseinander, ich kann es einfach nicht verstehen.
Warum ist das so?
Warum verdient eine Frau für dieselbe Arbeit weniger? Warum braucht es erst einen Gesetzgeber, der das regelt, und warum regelt der es dann nicht? Hat nicht jeder etwas davon, wenn Gleichberechtigung herrscht? Oder haben die Männer Angst? Aber wovor eigentlich? Wir sind doch das schwache Geschlecht, vor dem muss man sich nicht fürchten. Oder doch?

Nicht gefürchtet haben sich die vielen mutigen Frauen über die Jahrhunderte, die sich, auch unter Todesandrohungen, immer und immer wieder für die Rechte der Frauen eingesetzt haben. Ich frage mich manchmal, wie ich gehandelt hätte in früheren Zeiten. Wäre ich auch so furchtlos gewesen? Hätte ich mich auch gegen die Allmacht des Patriarchats gestellt? Hätte ich mein Leben für die Gerechtigkeit riskiert?
Schwierig zu beantworten, diese Fragen. Es gab aber diese Frauen, die sich allen Gefahren zum Trotz dafür eingesetzt haben, dass wir heute arbeiten, unsere Meinung sagen und unsere Stimme bei Wahlen abgeben dürfen. Einige möchte ich vor den Vorhang holen.

Olympe de Gouges
7. Mai 1748, Montauban–3. November 1793, Paris

… war eine der ersten Frauen, die offen die Gleichstellung von Mann und Frau gefordert hat. Genau genommen hat sie am 14. September 1791 eine „Erklärung der Rechte der Frau und Bürgerin“ verfasst. Ein Auszug aus Artikel 1 besagt: „Die Frau wird frei geboren und bleibt dem Manne gleich in allen Rechten.“ Damals wurde ihre Arbeit kaum beachtet. Im Gegenteil! Frauen, die sich politisch äußerten, waren nicht nur ungern gesehen, sie mussten dies oft mit ihrem Leben bezahlen. So auch de Gouges. Sie wurde wegen ihres politischen Engagements auf der Guillotine hingerichtet.

Sojuner Truth
1797, Hurley, New York–26. November 1883, Battle Creek, Michigan
… war eine Pionierin für People of Colour und Frauenrechte. Die US-Amerikanerin wurde als Sklavin Isabella geboren und konnte erst mit dreißig Jahren ihrem Schicksal entfliehen. Nach ihrer Konvertierung zum Christentum und einer Namensänderung beschloss sie, als Predigerin durch Amerika zu ziehen. Sie setzte sich als eine der allerersten Schwarzen* Aktivistinnen öffentlich für die Gleichberechtigung von Frauen und Männern und Schwarzen* und *weißen** Menschen ein.
„And ain't I a woman?" (Und, bin ich denn keine Frau?) war ein legendärer Ausspruch, den sie bei eine ihrer Reden sagte und der ihr große Bekanntheit bescherte. Sie stellte außerdem eine Verbindung zwischen Frauen- und Sklav:innenrechten her. Ihr Leben war geprägt vom öffentlichen Engagement und bis zum Schluss setzte sie sich für das Frauenwahlrecht ein.

Susan B. Anthony
15. Februar 1820, Adams, Massachusetts–13. März 1906, Rochester, New York
… war eine Vorreiterin der amerikanischen Frauenbewegung und Sozialreformerin.
Sie setzte sich für gleiche Bezahlung von Frauen und Männern ein, in einer Zeit, in der es nur wenigen Frauen überhaupt gestattet war zu arbeiten. Zusammen mit ihrer besten Freundin und Vertrauten Elizabeth Cady Stanton, die ihre Vorträge schrieb, organisierte sie mehrere Kongresse für Frauenrechte und hielt zwischen 75 und 100 Reden im Jahr. Stanton sagte einmal über ihre Beziehung zueinander:
„I forged the thunderbolts, she fired them."
(„Ich schmiedete die Blitze, sie feuerte sie ab.")
1863 gründete sie die „Women's Loyal Nation League", die erste nationale

* www.amnesty.de Glossar für diskriminierungssensible Sprache

Frauenbewegung, mit der sie zum Beispiel 400.000 Unterschriften – die größte Anzahl an Unterstützungsbekundungen zu einer Petition – zur Abschaffung der Sklaverei sammelte. Sie wählte 1872 unerlaubterweise bei der Präsidentschaftswahl, weswegen ihr der Prozess gemacht wurde, aber sie weigerte sich, das Bußgeld zu zahlen. Sie wurde immer scharf für ihr Engagement kritisiert, erst im hohen Alter erlangte sie Anerkennung. Vierzehn Jahre nach ihrem Tod wurde das Frauenwahlrecht eingeführt. Dieser Zusatz in der Verfassung wird auch als „Susan B. Anthony Amendment" bezeichnet.

Clara Zetkin

5. Juli 1857, Wiederau–20. Juni 1933, Archangelskoje

… war Politikerin und prägende Initiatorin des Weltfrauentages.
Sie konzentrierte sich hauptsächlich auf die Frauenpolitik. Sie trat für Frauenwahlrecht, freie Arbeitswahl und gewerkschaftliche Organisationen ein. Sie gehörte der SPD an, nach einer Abspaltung wechselte sie zur USPD und schließlich landete sie bei der Kommunistischen Partei Deutschlands.
Ihr Ziel war es immer, Frauen zu ermutigen sich zusammenzuschließen, um aktiv am Klassenkampf teilzunehmen. Frauen sollten sich organisieren und ihren Kindern Bildung ermöglichen. Sie war es auch, die dafür kämpfte, grundlegend gegen das herrschende kapitalistische System vorzugehen, denn das Frauenwahlrecht allein würde an der gesellschaftlichen Stellung der Frau nichts ändern. Mit der Aktivistin Käte Duncker gilt sie als Mitbegründerin des in Europa heute noch gefeierten Weltfrauentages. Sie war eine der ersten weiblichen Abgeordneten, die ins Parlament einzogen, und war bis ins hohe Alter dort tätig. Ihre sprachliche Kompetenz und Redegewandtheit wurden auch von ihren politischen Gegnern sehr geschätzt. Als Alterspräsidentin eröffnete sie 1932 den 6. Reichstag mit einer Rede gegen den Faschismus, in Anwesenheit Hermann Görings, welcher bekanntlich Mitglied der NSDAP war. Diese Rede ist die einzige Tonaufnahme, auf der ihre Stimme zu hören ist. Nach der Machtergreifung Hitlers und infolge des Reichstagsbrandes ging sie ins Exil.

Simone de Beauvoir
9. Januar 1908, Paris–14. April 1986, Paris
… war eine Schriftstellerin, Philosophin und Feministin aus Frankreich und Wegbegleiterin von Jean-Paul Sartre und Albert Camus.
Mit Ersterem gründete sie „Les Temps Modernes", eine literarisch-politische Zeitschrift, die im 20. Jahrhundert wesentlichen Einfluss auf das öffentliche politische Leben in Frankreich hatte. Ihre zahlreichen Vorträge wurden weltweit gefeiert und gefürchtet.
Große Bekanntheit erlangte sie mit ihrem Werk „Le Deuxième Sexe" aus dem Jahr 1949. Als skandalös wurde dieses Buch „Das andere Geschlecht", wie es auf Deutsch heißt, bezeichnet und verkaufte sich wahrscheinlich auch deshalb überaus erfolgreich. Daraus stammt auch ihr wohl berühmtestes Zitat: „Man kommt nicht als Frau zur Welt, man wird es." Was bedeutet, dass die Einflüsse der Gesellschaft uns Frauen erst zu dem konditionieren, was wir sein sollen. Schön, der Mutter und dem Mann hörig. Überspitzt formuliert: ein pflichtbewusstes Frauchen am Herd. In vielen Ländern hat sich dieses Bild der Frau nicht geändert und auch in Österreich habe ich oft zu verstehen bekommen, dass ich nicht so viel unterwegs sein solle. Ich müsste bei meinem Mann bleiben und die Kindererziehung übernehmen. Außerdem sollte ich nicht so viel reden und die Dinge, die ich von mir gebe, würden sich nicht für eine Frau schicken. Nur fürs Protokoll: Wir schreiben das Jahr 2023 …
Was aber trieb diese Frauen an? Ich empfinde tiefste Bewunderung für jede einzelne. Nicht auszumalen, was sie durchmachen mussten. Nahezu unmöglich, sich in sie hineinzuversetzen. Todesangst musste ich noch nie haben, nur weil ich etwas Provokantes von mir gab. Mein Sinn für Gerechtigkeit ist sehr stark ausgeprägt, aber ob dieser gereicht hätte, um mich in den Kampf zu werfen, das kann ich ehrlicherweise nicht beantworten.
Millionen von Frauen leben täglich in Angst. Es gibt Länder, da geht man sogar so weit, die weiblichen Nachkommen gleich nach der Geburt umzubringen, weil sie entweder nichts wert sind oder weil man ihnen ein schreckliches Leben ersparen will. Unter dem Deckmantel der Ehre und der Tradition werden Frauen verstümmelt, gequält, vergewaltigt und ermordet. Kleine Mädchen werden ver-

heiratet und ihren Jahrzehnte älteren Peinigern überlassen. Junge Mädchen werden verschleppt und verkauft, um als Sexsklavinnen ausgebeutet zu werden. Frauen werden ermordet, weil sie in den Straßen für ihr Recht auf Freiheit und Gleichberechtigung demonstrieren. Heute, jetzt, in diesem Moment …

Warum? Was hat „die Frau" denn so Schlimmes verbrochen, das solche Verbrechen legitimiert? Und wie können wir das als Zivilisation zulassen? Nur den Kopf zu schütteln und entsetzt zu sein, reicht nicht aus. Wir müssen laut sein. Wir Frauen müssen endlich lernen, uns zu solidarisieren. Es klingt abgelutscht, aber nur gemeinsam können wir es schaffen.

Gemeinsam sind wir stark.

… darüber nachzudenken, was wäre wenn …

… ich nie Mutter geworden wäre.

Diese Frage habe ich den „Working Mums" gestellt, aber mir selbst noch nicht wirklich beantwortet. Ohne Kinder, wo wäre ich da?

In New York oder London, das könnte ich mit Sicherheit sagen. Beide sind die Metropolen des Musicals. Ich hätte alles in Bewegung gesetzt, um dort in großen Produktionen mitwirken zu können. Ich wäre eine ehrgeizige Eliza Doolittle, eine schüchterne Sandy oder eine furiose Anita gewesen. Ich hätte viele tolle Stars kennengelernt und mit ihnen zusammengearbeitet.

Viel Zeit für anderes wäre nicht geblieben, weil die Anforderungen an Musicaldarsteller nahezu unmenschlich sind. Acht Shows pro Woche sind normal, und wenn man krank ist, lauern schon zwanzig andere, die nur auf den Moment warten, deinen Part übernehmen zu können.

Warum tut man sich das überhaupt an, werden Sie sich vielleicht fragen. Wenn man für etwas brennt, nimmt man viele Widrigkeiten in Kauf!

Ich brenne für meinen Beruf. Ich könnte mir nichts anderes für mich vorstellen. Menschen zu unterhalten ist meine große Leidenschaft.

Ohne Kinder wäre ich auch auf Bühnen gestanden, wie ich es jetzt tue, nur eben vielleicht in einem anderen Land. Ich hätte ein ähnlich hohes Arbeitspensum, nur wahrscheinlich wäre ich nicht so müde. Ich würde viel mehr shoppen gehen, weil ich mehr Geld hätte. Aber … ich wäre nicht glücklich.

Der Erfolg im Beruf erfüllt mich, doch seit der Geburt meiner Kinder gehe ich über vor Glück.

Ich habe das Gefühl, dass ich meinen Beruf erst richtig schätze, seit ich Mutter geworden bin. Ja, es ist anstrengend, ja, es ist ein organisatorischer Wahnsinn, ja, es ist eine emotionale Achterbahn, aber es ist Leben! Mein Leben.

Was wäre also, wenn ich keine Kinder bekommen hätte?

… dann würde es dieses Buch nicht geben …

… und das wäre schon …

… schade!

… an meine Mama zu denken.

Mütter nerven.
Ich nerve meine Tochter.
Meine Mutter nervt mich.
Meine Oma hat meine Mutter genervt.
Meine Oma wurde von ihrer Mutter genervt.
Aber, wenn meine Mama mich eines Tages nicht mehr nervt, werde ich traurig sein …

Mama, du nervst, …

… weil du mir tausendmal das Gleiche sagst!

… weil du mich zwingst, mich in manchen Momenten noch immer wie ein kleines Kind zu fühlen!

… weil ich dich so lieb habe, dass es manchmal wehtut!

… weil du mir nicht immer zuhörst!

… weil du so viele Socken und Hauben für all meine Freunde strickst, dass sie dich bald gleich lieb haben wie mich!

… weil du mir heute noch immer sagst, ich soll nicht so weite Kleider tragen, die wie Säcke aussehen, weil dann auch ich wie ein Sack aussehe!

… weil du mich am Telefon fragst, ob ich schon meine Fenster geputzt habe, und wenn ich mit „Ja“ antworte, du mich natürlich sofort durchschaust, dass das eine Lüge war, und mein „Ja“ zu weiteren Diskussionen mit dir führt!

… weil du mit mir schimpfst, wenn du bei mir im Kühlschrank Essen findest, das längst abgelaufen ist!

… weil wir täglich miteinander telefonieren!

… weil, wenn wir nicht täglich miteinander telefonieren, ich mir Sorgen mache, dass es dir nicht gut geht und ich deine Stimme vermisse!

… weil du mir bezüglich meiner Tochter 100.000 Ratschläge gibst!

… weil du den Satz „Das hab ich dir ja gesagt“ so oft zu mir sagst!

… weil du stark genug bist zu sagen, was du denkst!

… weil du in manchen Augenblicken nicht das sagst, was ich vielleicht gerne hören würde!

…weil mir in ganz vielen Lebensmomenten deine Meinung noch immer wichtig ist!

… weil du mich so gut kennst, dass ich nichts vor dir verheimlichen kann!

… weil du mich noch heute fragst, ob ich im Winter, brav ein Unterhemd trage!

… weil du meine Gedanken lesen kannst!

… weil du mir sagst, dass ich die Einzige bin, die du kennst, die nicht die Hemden bügelt!

… weil du so schnell bist in allen Dingen, die du tust!
(Nur Caro ist noch schneller!)

… weil der Gedanke daran, dass du eines Tages nicht mehr da sein wirst, so unendlich schmerzt!

Ja, Mama, du nervst!
Und weil du nervst, bin ich der Mensch, der ich bin – und meistens kann ich mich ganz gut leiden. Also bitte nerv mich weiter!

Ich hab dich lieb!

Marietta
geb. ***Vollmann***

… mich an meine Mama zu erinnern.

Wie nahe Freud und Leid beieinanderliegen, habe ich sehr lange nur als Sprichwort gekannt. Bis zum Tod meiner Mutter …
Nur zwei Wochen nach meinem Sieg bei Dancing Stars verstarb sie leider nach kurzer schwerer Krankheit überraschend schnell.

Der Tod beschäftigt einen das ganze Leben lang. Ständig wird man mit ihm konfrontiert, sobald man den Fernseher oder das Radio einschaltet. Gewollt oder ungewollt, man stumpft ab, wenn man permanent das Leid dieser Welt vor Augen hat. Egal ob Dürrekatastrophen, Überschwemmungen, Kriege, Unfälle oder Krankheiten, man ist umgeben von Bildern und Nachrichten, die von sterbenden Menschen handeln. Wir kennen den Tod in jeder seiner Facetten. Es heißt, die Wiener Seele ist eng verknüpft mit dem Sterben. Nicht umsonst sind Herr und Frau Wiener so stolz auf ihren Zentralfriedhof. Vielleicht habe ich auch gerade deshalb ein Lied geschrieben, in dem ich behaupte, der Tod muss eine Bassgeige sein.
Ich bin der vollsten Überzeugung, dass man sich jedem Thema mit Humor nähern kann, auch dem Tod. Ich empfinde es sogar als wichtig, diesen Aspekt des Lebens von mehreren Seiten zu betrachten.
Der Tod kann so vieles sein … Traurig ist er allemal.

Viele Sagen ranken sich um den Sensenmann, der besonders oft in Wien haltgemacht haben muss. Auch ich bin fasziniert davon und spaziere tatsächlich oft in der Innenstadt herum und besuche die Schauplätze dieser spannenden Geschichten. Doch je weiter der Tod von einem entfernt ist, desto gleichgültiger wird man ihm gegenüber.

Und dann ist er plötzlich da.
Ganz unerwartet.
Nie ist man darauf vorbereitet, auch wenn man weiß, dass das Unvermeidliche bevorsteht.

Ich weiß nicht, wie oft ich mir in meinen Vorstellungen ausgemalt habe, wie es sein würde, wenn meine Mutter stirbt. Oder mein Vater. Oder gar meine Kinder … Allein der Gedanke, meinen Kindern könnte etwas zustoßen, macht mich so verrückt, dass es mir in der Sekunde die Kehle zuschnürt. Sobald das eigene Kind auf die Welt kommt, macht man sich Sorgen. Wird es gesund sein? Das ist wohl die erste Frage, die man sich stellt, sobald man erfährt, dass man ein Kind erwartet.
Ich erinnere mich an das erste hohe Fieber meines Sohnes. Ich hatte Todesangst. Als er das erste Mal allein zur Schule ging, hatte ich kurz Sorge, er würde entführt werden. Manchmal fürchte ich, dass er, aufs Handy schauend, von einer Straßenbahn überfahren werden könnte. Oder vielleicht würde er sich am Essen verschlucken …
Tausende Gedanken überfluten einen immer und immer wieder, aber genauso schnell wie sie kommen, verschwinden sie auch wieder. Zum Glück. Sonst würden wir wahrscheinlich alle irgendwann verrückt werden.
Aber dann trifft es einen doch. Wenn es noch dazu eine Person ist, die dich dein ganzes Leben begleitet hat, die dich beschützt hat, die immer für dich da war, egal wie frech du auch warst, dann ist das überwältigend. Im wahrsten Sinn des Wortes. Es wirft dich aus der Bahn, es haut dich regelrecht um. Und dann liegst du da. Gelähmt. Machtlos. Von der Trauer übermannt.
Doch irgendwie muss es weitergehen. Für die Kinder. Für meinen Mann. Für meinen Bruder. Für mich. Speziell, wenn es um die Kinder geht, funktioniert man immer, oder?
Ich habe jedenfalls versucht, meine Trauer in Freude umzuwandeln. Das klingt vielleicht seltsam, aber ich habe versucht, mich zu freuen, dass es sie gab. Ich habe versucht, das umzusetzen, was sie mir beigebracht hat. Glücklich zu sein. Meine Mutter hat den Moment gelebt, das Leben genossen und mit ihrer fröh-

lichen Art viele Menschen glücklich gemacht. In diesem Sinne freue ich mich, dass sie gelebt hat. Aber fehlen tut sie mir trotzdem … meine Mama.

Das wird mir fehlen…

Vor ein paar Tagen habe ich spät abends, wie so oft, vorm Fernseher durch die Programme gezappt und bin bei einem Film hängen geblieben. „Brooklyn". Ein historischer Film, eine Geschichte über ein Mädchen, das seine Heimat Irland verlässt und in Brooklyn seine Liebe und ein neues Leben findet. Ich bin hängen geblieben. Weil ich wusste: Das ist ein Film, der meiner Mama ganz besonders gut gefallen hätte.
Wahrscheinlich hat sie ihn sogar gesehen. Das war eine ihrer größten Leidenschaften. Der Film. Ich glaube, es gibt keinen Menschen, mit dem ich öfter im Kino war. Ich weiß noch, wie wir die Nächte durchgemacht haben, wenn in Hollywood die Oscars vergeben wurden. Wir haben uns gegenseitig wachgehalten, und wenn wir nicht gemeinsam schauen konnten, dann haben wir uns nach jeder Entscheidung angerufen und darüber diskutiert, ob es die richtige war oder ob die Academy schon wieder fragwürdig ausgewählt hat.
Das wird mir fehlen.

Was an solchen Abenden nie fehlen durfte, war der Tee. Sie hat so gerne Tee getrunken. Das Frühstück war eher nebensächlich, aber ein Tee musste immer sein. Schwarztee mit Zucker und Zitrone! Immer schon, seit ich denken kann. Jedes Mal, wenn ich mir einen Schwarztee mache, denke ich daran und deshalb heißt er bei mir auch „Mamatee".
Es hat lange gedauert, bis ich ihn nachmachen konnte, er hat bei mir nie so geschmeckt, wie wenn sie ihn gemacht hat. Man möchte meinen, dass es wohl keine großartigen kulinarischen Talente erfordert, einen Tee mit Zucker und Zitrone zuzubereiten. Weit gefehlt! Denn Jahre hat es gebraucht, um herauszufinden, dass sie den Zucker gleich in die Tasse gibt und nicht erst nach dem Aufbrühen.
Das wird mir fehlen.

Obwohl die kalte Zeit des Jahres zum Teetrinken einlädt, war sie nie ein Fan von Kälte oder Schnee, aber Weihnachten, das hat sie sehr gemocht. Ihre Kekse waren legendär. Sogar mein Vater spricht immer noch davon, dass niemand so gute Kekse gebacken hat wie meine Mutter. Immer dieselben fünf Sorten. Seit meiner Kindheit.
Meine Mutter hat uns zu Weihnachten immer Packerl-Adventkalender gemacht, bis ich ausgezogen bin! Sie hat uns immer mit besonderen Geschenken überhäuft. Ich erinnere mich noch, dass sie mitten unter dem Jahr so begeistert davon war, dass man in London bei „Harrods" Weihnachtsdekoration kaufen kann. Was sie auch mit Begeisterung tat. Ihre Weihnachtsbäume mussten immer bis zur Decke reichen, ich befürchte, diese Angewohnheit habe ich von ihr geerbt. Ihre Bäume waren immer prachtvoll geschmückt. Jede Kugel war besonders und wunderschön für sich.
Das wird mir fehlen.

Nicht nur ihre Weihnachtsbäume waren wunderschön. Auch sie selbst. Sie war eine wunderschöne, moderne Frau. Immer modisch gekleidet, immer an den neuesten Trends interessiert. Sie hat sehr auf sich geachtet und hat Mode zu ihrem Hobby gemacht. Sie hat mir diese Leidenschaft weitergegeben und mich immer extra schön eingekleidet. Sie hat lieber ein besonders schönes Kleidungsstück gekauft als zehn einfache. Ich weiß noch, wie ich in der Volksschule unabsichtlich meinen teuren Lieblings-Benetton-Pullover mit Farbe beschmutzt habe. Ich war untröstlich, aber sie hat gemeint, dann wird es Zeit für einen neuen Lieblingspullover.
Das wird mir fehlen.

Schon ganz früh habe ich ihre Schuhe getragen, ihre Kleider probiert, ihr Make-up aufgetragen. Sie hat mir meine erste Gesichtspflegeserie von Bebe besorgt und mir erklärt, dass man schon ganz früh auf seine Haut achten muss. Sie war es auch, die mir ganz eindringlich gesagt hat, egal, was passiert, egal, wie müde ich bin oder wie betrunken, ich muss mich immer abschminken bevor ich schlafen gehe. Diesen Rat habe ich all meinen Freundinnen weiterge-

geben, ob sie das gemacht haben, weiß ich nicht. Ich musste allerdings immer wieder noch einmal mein Bett verlassen, weil ich ihre Stimme im Ohr hatte.
Das wird mir fehlen.

Ihre Stimme. Sie hat mit mir englische Kinderlieder gesungen. Ich kann sie alle. Ich liebe sie sehr. Ihre Liebe für alles Englische hat sie immer behalten. Sie hat die Sprache perfekt beherrscht und ist auch dadurch zu ihrem letzten und sehr geschätzten Arbeitgeber gekommen, der OMV. Ich erinnere mich noch an ihren ersten Arbeitgeber „Huvos", der in einem der schönsten Häuser an der Wienzeile sein Büro hatte. Dort hat sie Jahre später wieder, mit meinem Vater zusammen, im Geschäft beim Naschmarkt gearbeitet.
Aber bei der OMV, hatte ich das Gefühl, war sie angekommen. Viele Freundschaften sind dort entstanden und geblieben. Sie hat sehr gerne gearbeitet. Das frische, aber übrig gebliebene Obst aus der Chefetage war immer wieder in ihrer Küche zu finden. Vor allem Bananen.
Das wird mir fehlen.

Die besten Bananen hat sie in der Karibik gegessen. Von denen hat sie geschwärmt und wollte eine Zeit lang zu Hause keine mehr essen. Sie war gerne zu Hause, aber noch lieber war sie auf Reisen. Die Welt hat sie glücklich gemacht. Sonne, Meer und Strand … dann war sie in ihrem Element. Ein gutes Buch dazu, was sag ich, zehn gute Bücher und ihr Tag war perfekt. Keiner hat Bücher so schnell gelesen wie sie. Mein Sohn Lukas hat das von ihr geerbt. Er könnte ihr vielleicht noch den Rang ablaufen, aber darüber hätte sie sich unglaublich gefreut. Ich habe als kleines Mädchen einmal in ein Buch gemalt. Einmal und nie wieder. Bücher waren ihr heilig. Sie hat mir beigebracht, Bücher zu schätzen und gut auf sie aufzupassen. Von ihr bekam ich außerdem immer die besten Buchtipps.
Das wird mir fehlen.

Sie war eine Leseoma. Ihr war es immer wichtig, Kindern mit Leseschwäche zu helfen. Sie hat Nachhilfe gegeben und sich mit Leidenschaft für diese Kinder eingesetzt. Es war selbstverständlich für sie, Kindereinrichtungen zu unterstützen, finanziell oder tatkräftig. Ihr großer Traum, ein Kind zu adoptieren, ist zwar nie in Erfüllung gegangen, aber sie hat sich umso mehr über ihre Enkel gefreut. Es macht mich glücklich, dass mein Bruder ihr eine sehnlichst gewünschte Enkeltochter geschenkt hat. Es macht mich traurig, dass ihre Leidenschaft, sie mit Kleidchen und Schmuck zu überschütten, nicht in Erfüllung gehen wird.

Das wird mir fehlen.

Aber ich werde das für sie übernehmen.

Sie hat auch ihre besten Freunde und die Familie mit Liebe überschüttet. Manchmal zu viel, manchmal wurde sie nicht erwidert. Das hat sie gekränkt. Sie war harmoniebedürftig und hat Streit verabscheut. Umso mehr habe ich mich gefreut, dass sie ihre große Liebe, Frank, gefunden hat.

Ich weiß noch, sie hat den Kartenverkauf für die Vorstellung „Die 7 Lieder der Josefine Mutzenbacher“ von meiner damaligen A-cappella-Formation „4she“ im Tanzcafé Jenseits gemacht. Sie hat gesagt, sie kann erstmals nicht bleiben, weil sie ein Date mit einem Deutschen hat. Spontan. Sie war nicht hergerichtet, sie war müde und hatte keine Lust. Ich habe auf sie eingeredet, sie überredet hinzugehen. Ich weiß es noch wie heute, wie sie die Tür hinter ihr schloss und ich hoffte, dass diesmal der Richtige da draußen auf sie wartete. Und so war es.

Frank hat meine Mutter mit Liebe überschüttet, sie verstanden. Sie hat nach Jahren zu mir gesagt: „Weißt du, ich habe dauernd nach Fehlern gesucht bei ihm. Ich habe keinen gefunden. Vielleicht gibt es keinen. Was ich dir sagen will: Liebe muss nicht wehtun. Sie kann auch einfach nur schön sein.“

Diesen Satz habe ich bei Dancing Stars in einem Interview gesagt. Es war ein Ratschlag meiner Mutter. Ihre aufmunternden und tröstenden Worte, ihre Ratschläge.

Das wird mir fehlen.

Ihr Lachen. Sie hatte ein sehr markantes Lachen und ich erinnere mich an viele Lachkrämpfe, die ich mit ihr hatte. Unter anderem in Theatern.

Ebenfalls eine Leidenschaft von ihr. Ihr Leben war von Kunst und Kultur geprägt. Das hat mich geprägt. Seit ich denken kann, war ich in Theatern, Konzerten, Musicals und Opern. Meine Mutter ist der Grund, dass ich heute das tun kann, was ich liebe. Auf der Bühne stehen Jede Premiere, jede noch so kleine Hinterhof-Vorstellung, meine Mutter war dabei.
Das wird mir fehlen.

Ihre Unterstützung. Gegen alle und jeden. Wir, mein Bruder Andreas und ich, waren alles für sie. Für uns hat sie sich immer wieder, auch gegen Widerstand kämpfend, durchgesetzt. Unzählige Fahrten durch Schnee und Hitze in die diversen Tanzstudios, zu Aufführungen, zu Fußballmatches und Kindergeburtstagsfeiern. Meine Mutter hat alles ermöglicht. Sie hat unsere Interessen verteidigt, meine Interessen, weil eine Musicalausbildung nicht unbedingt der Wunsch einer soliden Ausbildung von Eltern ist. Wie oft hat sie schließlich mit Stolz erzählt, was ich beruflich mache.
Das wird mir fehlen.

Ihre Geburtstagstorte mit der rosa Punschglasur für mich und der weißen Schokolade für meinen Bruder, ihr Faschierter Braten mit Kartoffeln, die in Schlagobers gekocht wurden, ihr Blick, wenn sie eine Auster genüsslich verspeist hat …
Das wird mir fehlen.

Ihre Freude, wenn sie einen Enkel umarmt, ihr verliebter Blick, wenn sie Frank anschaut.
Das wird mir fehlen.

Das Glitzern in den Augen, wenn sie sich eine neue Handtasche gekauft hat, ihr zufriedenes Lächeln nach einem kalten Schluck Bier, ihre Euphorie nach einem tollen Film.
Das wird mir fehlen.

Ich sehe meine Mutter in Maria, ihrer eigenen Mutter, wenn sie lachend ihren Kopf zurückwirft. Ich sehe sie in Andreas, meinem Bruder, zu dem sie in seiner Kindheit immer „Gockelhahn" gesagt hat. Ich sehe sie in Isabell, meinem Taufkind und Tochter ihres Cousins, weil sie die Haare genauso trägt wie meine Mutter in ihren Zwanzigern. Ich sehe sie in Wolfgang, ihrem Cousin, weil sein Gesicht nahezu dasselbe ist. Ich sehe sie in Lukas, weil ich weiß, wie sehr sie ihren ersten Enkel vergöttert hat. Ich sehe sie in Elias, ihrem zweiten Enkel, weil er aussieht wie mein Bruder in diesem Alter. Ich sehe sie in Oskar, ihrem dritten Enkel, weil er sie immer zum Lachen gebracht hat. Ich sehe sie in Leonie, ihrer ersten Enkelin, weil sie das Mädchen ist, das irgendwann den Schmuck meiner Mutter tragen kann. Ich sehe sie in Frank, weil ich die Liebe für sie in seinen Augen sehe. Ich sehe sie jeden Tag in meinen Augen, wenn ich in den Spiegel schaue.

Meine Mutter war eine aufopfernde Mutter, eine verwöhnende Oma und eine liebende Ehefrau. Sie war eine fleißige Arbeiterin, eine mitfühlende Freundin, eine zuhörende Gesprächspartnerin und eine amüsante Gesellschafterin.
Sie war meine beste Freundin, meine engste Vertraute.
Das wird mir fehlen.
Sie wird mir fehlen.
Sie wird uns fehlen.
Aber sie wird nie vergessen!

Eva Höfner, geb. Öller
26. 6. 1959–9. 12. 2021

… mich bei meinem Mann Georg zu bedanken.

Man trifft sich, verliebt sich, kommt zusammen, kriegt Kinder und teilt das Leben miteinander.
Die Schmetterlinge im Bauch verkriechen sich irgendwann in ihren Kokons und bei manchen entwickeln sie sich zu Raupen zurück, die einen neuen Wirt suchen, um wiederum erneut Schmetterling zu werden.
Bei meinem Mann und mir ist das anders … denkt man … Aber der Alltag ist unbarmherzig. Er fordert dich, überfordert dich oft und zwingt viele zuvor geglaubte Traumpartnerschaften in die Knie.
Was ich gelernt habe aus meiner ersten, gescheiterten Beziehung, ist, alles auszusprechen und immer Zeit für Zweisamkeit zu schaffen, trotz Kind, oder gerade deshalb.
Wenn man dann noch einen Mann hat, der, so wie meiner, mir ganz selbstverständlich zur Seite steht und sowohl die relaxten, aber auch besonders die stressigen Zeiten so bravourös bewältigt, dann ist es höchste Zeit, ein fettes DANKE auszusprechen!

Lieber Getsch!

Danke, …
…, dass Du so mutig warst, Dich auf das arrangierte Blind Date einzulassen.
…, dass Du damals nicht aufgestanden und gegangen bist, als ich Dir die harten Fakten meines Lebens auf den Tisch geknallt habe.
…, dass Du mir immer geantwortet hast auf meine unzähligen Nachrichten.

…, dass Du mich bei unserem ersten selbst ausgemachten Date abgeholt hast.
…, dass Du nach unserem ersten Date nicht geblieben bist.
…, dass Du akzeptiert hast, es wegen Lukas langsam angehen zu lassen.
…, dass Du unzählige Male mitten in der Nacht heimgefahren bist, um Lukas Zeit zu geben, Dich besser kennenzulernen.
…, dass Du zuerst gesagt hast, dass Du mich liebst.
…, dass Du wegen mir WhatsApp installiert hast.
…, dass Du nicht auf Facebook und Co zu finden bist.
…, dass Du nicht genervt bist, oder es mich nicht merken lässt, wenn ich Dich mehrmals täglich anrufe.
…, dass Du so ein toller Bonus-Papa für Lukas bist.
…, dass Du mich jeden Tag so verliebt ansiehst.
…, dass Du mir einen zweiten Sohn geschenkt hast.
…, dass Du mich vor, während und nach der Geburt so unglaublich liebevoll unterstützt hast.
…, dass Du ganz selbstverständlich, trotz viel Gegenwind, zwei Jahre in Karenz gegangen bist.
…, dass Du mich mit Oskar anfangs auf Tour begleitet hast.
…, dass Du in den diversen Hotels im Bad, mit einem Mini-Licht, ausgeharrt hast, damit Oskar im Dunkeln schlafen kann.
…, dass Du keinen Unterschied zwischen Oskar und Lukas machst.
…, dass Du mit mir die Zweisamkeit genauso genießt wie am Beginn unserer Beziehung.
…, dass Du immer den Rasen mähst.
…, dass Du mit mir Gin Tonic trinkst.
…, dass Du mich meinen Beruf ausüben lässt, ohne mir ein schlechtes Gewissen zu geben.
…, dass Du Lukas auf der Piste festgehalten und mit ihm den Berg rauf und runter gefahren bist.
…, dass Du das bei Oskar wiederholt hast.
…, dass Du mich auch mit meinen Buben alleine verreisen lässt.
…, dass Du mich zur Heurigen-Liebhaberin gemacht hast.

…, dass Du trotzdem mit mir auch mal so richtig dekadent essen gehst.
…, dass Du während der Pandemie mit mir Musik gemacht hast und Du in der Rolle des Hilfssklaven so aufgegangen bist.
…, dass Du mich geheiratet hast.
…, dass Du damals dafür die Initiative ergriffen hast.
…, dass Du mir meinen Vogel lässt, wenn es um Dekoration geht.
…, dass Du nicht immer alles wegräumst, auch wenn ich weiß, wie schwer Dir das fällt.
…, dass Du immer die Wäsche so perfekt machst, dass man glauben könnte, die Kleidung kommt aus der Putzerei.
…, dass Du mir Portugal gezeigt hast.
…, dass Du mich dort zum zweiten Mal geheiratet hast.
…, dass Du mit mir die Kinderbetreuung organisierst.
…, dass Du mein Fels in der Brandung bist.
…, dass Du mich immer so fest in die Arme schließt.
…, dass Du mich auf diverse Society Events begleitest ohne zu murren.
…, dass Du nicht böse bist, wenn ich wieder einmal jemandem versprochen habe, Hunde zu sitten.
…, dass Du immer dafür sorgst, dass ich Scheibenfrostmittel im Auto habe.
…, dass Du so gut aussiehst.
…, dass Du Oskar Fußball spielen lässt.
…, dass Du mit mir Tennis spielst.
…, dass Du nicht nur deine Fußballspieler, sondern auch mich behandelst.
…, dass Du mit mir in der Wachau eine Flasche Wein nach der anderen trinkst.
…, dass Du mit mir, wenn es sein muss, auch die beste Cremeschnitte teilst.
…, dass Du nicht eifersüchtig bist.
…, dass Du mich während Dancing Stars so durchgetragen hast.
…, dass Du meinen Vater so nimmst, wie er ist, und sein Essen so liebst.
…, dass Du an meiner Seite warst, als meine Mutter gestorben ist.
…, dass Du mir zuhörst.

…, dass Du mich nicht immer erst nimmst.
…, dass Du mit uns im Wohnzimmer herumtanzt.
…, dass Du geduldig Gesellschaftsspiele mit den Buben spielst.
…, dass Du so klar und ehrlich bist.
…, dass Du manchmal über Deinen Schatten springst und Deine Sturheit überwindest.
…, dass Du meine Sturheit erträgst.
…, dass Du mir Deine Musiksammlung nähergebracht hast.
…, dass Du mit mir auf Konzerte gehst.
…, dass Du neben mir am Sofa bei voller Beschallung einschläfst.
…, dass Du nicht schnarchst.
…, dass Du in der Früh die Kinder übernimmst.
…, dass Du so loyal Deinen Freunden gegenüber bist.
…, dass Du mir den Rücken stärkst.
…, dass Du immer für mich da bist.
…, dass Du mich liebst.
…, dass es Dich gibt!

Ich liebe Dich!

… mich bei meinem Mann Thomas zu bedanken.

Im Alltag sind wir oft in unserem Hamsterrad gefangen. Wir hetzen von Termin zu Termin, es gibt wenig Zeit zum Verschnaufen, und es ist nahezu unmöglich, kurz einmal innezuhalten. Mir geht es jedenfalls oft so. Dabei bleibt auch die Beziehung immer wieder einmal auf der Strecke. Oft wünsche ich mir mehr Zeit zu zweit oder möchte dem Partner zwischendurch „Ich hab dich lieb", zuflüstern. Doch der Augenblick lässt es nicht immer zu, weil viele andere Dinge im Leben Vorrang haben und schnell zu erledigen sind. Als Team in einer Beziehung zu funktionieren ist wichtig, als Liebespaar gemeinsam einen Weg zu gehen ebenso. Zeit zu zweit ist kostbar. Wir alle sollten unseren Liebsten immer wieder einmal sagen, was wir denken und fühlen.
Ich mache das nun.
Ich sage: DANKE, Thomas!

Lieber Thomas!

Worte können nicht beschreiben, wie dankbar ich Dir für alles bin und wie sehr ich Dich liebe.
Hilfe, klingt das kitschig!
Aber ein bisschen Kitsch in meinem Leben tut mir verdammt gut!
Und deshalb:
Thomas, danke, dass Du mich liebst, so wie ich bin, und mich immer unterstützt und das seit 1999. Auch wenn Du manchmal denkst, dass Du das nicht tust, tust Du es doch, denn Du bist da.
Danke, dass Du mich immer aufmunterst, mich tröstest, immer die richtigen Worte findest, mit mir lachst und Blödsinn machst.
Danke, dass wir so gut wie nie streiten, und wenn wir einmal streiten, endet

jedes Streitgespräch damit, dass Du mich zum Lachen bringst und ich dann nicht mehr streiten kann, weil ich lache.
Danke, dass Du mich als Künstlerin immer den Rücken stärkst und mir sagst, wie stolz Du auf mich bist.
Danke überhaupt dafür, dass Du über Deine Gefühle reden kannst. Du redest mehr darüber, als ich es tue.
Danke auch für Deinen schwarzen Humor, ich liebe ihn!
Danke, dass Du ein so toller Vater bist und immer und zu jeder Zeit für unsere Tochter da bist. Es ist so schön, zu erleben, wie innig ihr miteinander seid.
Danke, dass wir endlich einen Hund haben, obwohl Du nie einen wolltest, weil Du allergisch gegen sie bist.
Danke auch, dass Du mich erträgst, wenn ich genervt bin und ich dann wie ein Rumpelstilzchen in unserer Wohnung herumhüpfe.
Danke, dass Du im Anzug immer so sexy aussiehst und wenn ich Dich dann ansehe, ich mich jedes Mal aufs Neue in Dich verliebe.
Danke, dass Du mich damals zuerst auf der Faschingsparty angesprochen hast, auch wenn Du betrunken warst und ich wegen einer Magendarm-Grippe unter Medikamenteneinfluss stand.
Danke, dass Du mich geheiratet hast. Du hast mich glücklich gemacht und meinen Eltern das Leben erleichtert. (Sie dachten, sie würden mich nie loswerden!)
Danke auch an Deine Eltern, Evi und Heimo, die Dich zu dem Menschen erzogen haben, der Du bist.
Thomas, Du bist großartig! Du bist das Beste, das mir passieren konnte.
Und nun höre ich auf danke zu sagen, sonst wird es tatsächlich zu kitschig.

Ich liebe Dich.

Michi

Stammbuch

Caro Michi Sole

Ich bin … Caro

Viele nennen mich auch …

die kleine Frau, nur mein Papa sagt „Blume"

Bei mir zu Hause wohnen …

meine drei Buben: der alte Getsch, der große Lukas und der kleine Oskar

Übernachtet habe ich schon bei …

Freunden, Verwandten und flüchtigen Bekannten

Mein Lieblingstier … Affen, Katzen und Hunde

Mein Lieblingsbuch … Die Millennium-Trilogie

Meine Lieblingsessen … Beef Tatar, Bratkartoffeln und weißes Schoko-Mousse

Ich mag … am Sofa herumliegen

Ich mag nicht … wenn es kalt ist

Das sage ich oft … Nicht ärgern, nur wundern!

Das habe ich immer bei mir … meine Kreditkarte

Darin bin ich richtig gut … schnell, viele Texte merken

Mein Vorbild … Barbra Streisand, Ludwig Hirsch

Ich wünsche mir …

dass meine beiden Söhne glücklich und zufrieden durchs Leben gehen können

Dieses Buch ist für mich wichtig …

weil ich weiß, dass jede arbeitende Mama eine tolle Mama ist und sie das auch wissen soll!

Ich bin ... Michi

Viele nennen mich auch ... Mitschi

Bei mir zu Hause wohnen ...

meine Tochter Clara-Marie, mein Mann Thomas, mein Labradoodle Lola und Irmi, die Schildkröte

Übernachtet habe ich schon bei ... Mama und Papa, Omi und Opi und dann mal dort und auch mal da

Mein Lieblingstier ... Hund

Mein Lieblingsbuch ... Peter-Turrini-Lesebuch

Mein Lieblingsessen ... Steak mit Salat, Muscheln

Ich mag ... mit meinen Liebsten in meiner 2 CV den Hügel bergab zu fahren

Ich mag nicht ... mit meinen Liebsten in meiner 2 CV den Hügel bergauf zu fahren

Das sage ich oft ... Clara-Marie, schau immer nach rechts und links, wenn du über die Straße gehst!

Das habe ich immer bei mir ... meine Brille

Darin bin ich richtig gut ... immer für meine Freunde da zu sein

Mein Vorbild ... Malala Yousafzai

Ich wünsche mir ... dass es meinen Liebsten immer gut geht – klingt kitschig, ist aber so

Dieses Buch ist für mich wichtig ... weil wir alle über uns lachen sollten, auch wenn uns mal zum Weinen zumute ist

Ich bin ... Soledad

Viele nennen mich auch ... Sole

Bei mir zu Hause wohnt ... meine große Liebe Matthias

Übernachtet habe ich schon bei ...

Freunden, Verwandten, in einem Entenhaus

Mein Lieblingstier ... Schwein

Mein Lieblingsbuch ...

Komm, ich erzähle dir eine Geschichte – Jorge Bucay

Mein Lieblingsessen ... Pommes, Bratkartoffeln, Kartoffelpuffer, Kartoffelgratin

Ich mag ... entspannt an der frischen Luft zu sitzen und meine Gedanken... auszuschalten!

Ich mag nicht ... dass der Wecker läuten, ich aber schon wach im Bett liege

Das sage ich oft ... Unfassbar!

Das habe ich immer bei mir ... Notizheft und Stift

Darin bin ich richtig gut ... Lösungen zu finden

Mein Vorbild ... zufriedene Menschen

Ich wünsche mir ... dass Wünsche in Erfüllung gehen

Dieses Buch ist für mich wichtig ...

weil um Hilfe zu bitten, sich noch herumsprechen muss!